AF568599

PERLE EN SUCRE

Lieblingssüßigkeiten

VEGAN

Liebe Leser:innen,
wir freuen uns, dass wir mit diesem Buch Teil eurer kulinarischen Reise sein dürfen. Noch mehr Inspiration, köstliche Anregungen und kreative Erlebnisse findet ihr auf unserer Verlagsseite www.stiebner.com.

Tretet mit uns in Kontakt!
Wir sind immer offen für eure Anregungen, Wünsche und Kritik – schreibt uns gerne unter verlag@stiebner.com.
Da geteilte Freude bekanntlich doppelte Freude ist: Zeigt uns eure kulinarischen Kreationen auf Social Media! Markiert uns mit @stiebnerverlag oder nutzt den folgenden Hashtag: #lieblingssüßigkeitenvegan

Erstmals erschienen unter dem Titel »Le Goût d'Enfance« bei Éditions La Plage

Fotografie: © Laurianne Pau, außer Seiten 4, 7, 13, 17 und 160, hier © Guilhem Tinturier
Übersetzung aus dem Französischen: Barbara Holle
Cover: Danai Afrati
Layout des Originals: Nicolas Gallois
Lektorat: Katharina Lisson
Satz: red.sign GbR
Gedruckt bei Polygraf Print, Slowakei

ISBN 978-3-8307-1079-0

Bibliografische Information der Deutschen Nationalbibliothek:
Die Deutsche Nationalbibliothek verzeichnet diese Publikation in der Deutschen Nationalbibliografie; detaillierte bibliografische Daten sind im Internet über http://dnb.dnb.de abrufbar.

www.stiebner.com

PERLE EN SUCRE

Lieblings-süßigkeiten VEGAN

Schokoriegel, Doppelkeks & Fruchtgummi selber machen

stiebner

Vorwort

Hallo! Ich bin Laurianne und lebe in Südfrankreich. Seit ich denken kann, habe ich ein Faible für alles Süße. So richtig erwacht ist mein Interesse an der Patisserie 2011. Begonnen hat alles mit einer Charlotte mit Früchten, die ich meinem Bruder zum 23. Geburtstag gebacken habe – der erste »richtige« Kuchen, den ich komplett selbst gemacht habe. Das machte mir solchen Spaß, dass es eine echte Offenbarung für mich war. Von da an machte ich immer weiter, und meine Begeisterung für die Patisserie wuchs mehr und mehr.

Seit 2014 nutze ich diese Leidenschaft, um leckere Rezepte in meinem Blog Perle en sucre zu teilen. 2017 habe ich dann beschlossen, nur noch 100% vegane Rezepte vorzustellen, um meine ambitionierten ethischen Werte mit meiner Passion in Einklang zu bringen.

Die traditionelle Patisserie in eine vegane umzuwandeln war zwar eine echte Herausforderung, für mich aber kein Hindernis. Bot sich mir so doch die Möglichkeit, meine Überzeugungen einzubringen und neue Kenntnisse zu erwerben. Zum einen konnte ich auf diese Weise eine Vielzahl neuer, mir bis dahin nicht vertrauter Zutaten entdecken und damit arbeiten. Zum anderen war dies eine gute Gelegenheit, um meine Grundkenntnisse auf den Prüfstand zu stellen, um zu experimentieren und die Dinge neu zu erfinden, wobei ich nicht selten von jetzt auf gleich zur Chemikerin wurde. Und schließlich: Gewohnheiten kommen und gehen und ändern sich schnell, und an alten Zöpfen festzuhalten war noch nie mein Ding. Ich entdecke, ich lerne, ich probiere aus, ich scheitere, gebe aber nie auf. Ich staune, wenn das Ergebnis meine Erwartungen übertrifft, und vor allem: Ich habe Spaß, ich genieße und ich kann meine Liebsten verwöhnen, denn sich für die Patisserie zu begeistern heißt vor allem, gerne zu teilen und Freude zu schenken.

Mit meinen Rezepten engagiere ich mich auf meine Weise für das Tierwohl, indem ich zu zeigen versuche, dass vegane Patisserie keineswegs Beschränkungen und Zwängen unterliegt, sondern ganz im Gegenteil vielseitig und innovativ ist und sich durch eine große Geschmacksvielfalt auszeichnet.

Ich hoffe von ganzem Herzen, dass meine süße Welt euch inspiriert und euch Lust darauf macht, feine Leckereien herzustellen, die euch, aber auch den Naschkatzen, die euch nahestehen, Freude bereiten.

Mit diesem Buch möchte ich euch zu einer Reise in die Vergangenheit und zur Entdeckung – oder Wiederentdeckung – der vielen Süßigkeiten einladen, die uns durch unsere Kindheit begleitet haben, die unsere Eltern und Großeltern mit Liebe für uns zubereiteten und an denen wir uns nach der Schule erfreut haben.

Für dieses Buch habe ich mit großem Vergnügen 55 Rezepte für 100% vegane süße Köstlichkeiten aller Art zusammengestellt, die mehrfach getestet und für gut befunden wurden. Und ich wünsche mir, dass auch ihr damit die Geschmackserlebnisse und Gefühle eurer Kindheit wiederfindet.

Ihr findet hier zeitlose Klassiker wie die berühmten Madeleines, den Joghurt- und den Marmorkuchen, Erdbeertörtchen und Waffeln, aber auch Rezepte für industriell hergestellte Süßigkeiten, die ich möglichst originalgetreu in veganen Versionen neu zu interpretieren versucht habe. Zugegeben, keine leichte Aufgabe, aber ich bin stolz, nicht aufgegeben und sie erfolgreich gemeistert zu haben.

Nun seid ihr dran! Stürzt euch in das Abenteuer der veganen Patisserie. Ich kann es euch nur wärmstens empfehlen, denn das Selbermachen bringt eine Menge weiterer Vorteile mit sich:

- Die Möglichkeit, sich etwas Gutes zu tun, ohne dass andere Lebewesen dafür leiden mussten, und dabei süße Leckerbissen zu genießen, die wir schon liebten, lange bevor wir uns für die vegane Ernährung entschieden haben.
- Selbstgemachtes ist oft preiswerter und gesünder, weil man die Zutaten selber auswählt.
- Durch den Wegfall von Verpackungen tragt ihr zur Müllvermeidung bei.
- Das Selbermachen gibt uns die Gelegenheit für schöne gemeinsame Momente mit Familie und Freunden.
- Und es gibt uns die Möglichkeit, den unverfälschten Geschmack der Speisen und Zutaten wiederzuentdecken und unsere Liebsten für eine bessere Ernährung zu sensibilisieren.
- Und last but not least: Es ist ungeheuer befriedigend, etwas Leckeres zu genießen, das man selbst gemacht hat.

Damit euch das Selbermachen auch wirklich Freude macht und nicht zu kompliziert wird, habe ich überwiegend einfache Zutaten verwendet, die problemlos in Supermärkten oder Bioläden zu bekommen sind. Und wie ihr sehen werdet, sind die meisten Rezepte ganz einfach nachzumachen.

Bevor ihr euch in die Arbeit stürzt, lest bitte erst einmal die folgenden Seiten, auf denen ihr mehr über die Zutaten und die benötigten Utensilien erfahrt.

Ich wünsche euch eine genussvolle Reise in die süße Welt eurer Kindertage , und vergesst nicht, euch ein Stück eurer Kinderseele und euren kindlichen Gaumen zu bewahren.

Gutes Gelingen!

Inhalt

4 AUFSTRICHE, SCHOKOLADENRIEGEL UND KLEINE SÜSSIGKEITEN

Die Zutaten

In der Patisserie kommt es ganz wesentlich auf die richtige Auswahl der Zutaten an. Ihre jeweilige Zusammensetzung und ihre Eigenschaften haben, sowohl im Hinblick auf den Geschmack als auch auf die Textur, maßgeblichen Einfluss auf das Resultat. Damit ihr keine unangenehmen Überraschungen erlebt, würde ich euch deshalb empfehlen, die angegebenen Zutaten nicht durch andere zu ersetzen.

WEIZENMEHL

Durch das enthaltene Gluten fungiert Weizenmehl als Verdickungsmittel, verleiht Teigen Körper und Struktur und sorgt dafür, dass sie aufgehen und elastisch werden, denn es sorgt für Bindung und dafür, dass das Gärgas beim Backen gehalten wird. Ohne Gluten ist ein Teig sehr viel spröder, brüchiger und weniger luftig. Durch die berühmte Maillard-Reaktion ist das Mehl außerdem auch ein Geschmacksgeber und ermöglicht die Bräunung des Gebäcks. Da ich keine Erfahrung mit glutenfreiem Mehl habe, habe ich für die Rezepte in diesem Buch vorwiegend herkömmliches Weizenmehl verwendet: für Kuchen mit weicher Krume, die schön aufgehen sollen, Weizenmehl Type 405 und für Keksteige, die sich beim Backen nicht zusammenziehen, Weizenmehl Type 550. Die Mehltype ist in den Rezepten jeweils angegeben. Für einige Kekse habe ich außerdem Vollkornmehl verwendet, um dem Gebäck einen rustikalen Touch zu verleihen. Für besonders lockere Teige empfehle ich euch das französische Farine de Gruau – ein besonders feines Weizenmehl.

MAISSTÄRKE

Feinstes, aus Maiskörnern gewonnenes weißes Pulver, das als Binde- und Verdickungsmittel dient. Bei Gebäck, das besonders locker werden soll, kann ein kleiner Teil des Mehls durch Maisstärke ersetzt werden.

BACKPULVER

Backpulver sorgt dafür, dass Teige beim Backen aufgehen und das Gebäck lockerer und luftiger wird. Mischt das Backpulver am besten immer unter die trockenen Zutaten. So verteilt es sich besser im Teig.

HEFE

Im Unterschied zum Backpulver ist Backhefe ein lebender Mikroorganismus, der zu den Pilzen zählt und Teige unter Wärmeeinwirkung aufgehen lässt. Im Handel wird sie frisch – in Würfelform – oder in Tütchen abgepackt als Trockenhefe angeboten. Ich empfehle euch frische Hefe, weil man damit bessere Resultate erzielt.

ZUCKER

Zucker ist nicht nur ein Geschmacksverstärker, er fungiert auch als Farbstoff, Gärungs- und Konservierungsmittel und verleiht den Speisen Textur. Ich verwende vorwiegend weißen, aus Zuckerrüben hergestellten Zucker, den es überall zu kaufen gibt. Zur Optimierung der Textur nehme ich für manche Rezepte auch braunen Zucker oder Puderzucker.

SALZ

Salz ist ebenfalls ein Geschmacksverstärker. Dabei genügt schon eine kleine Prise, um den Geschmack der Zutaten zu unterstreichen. Darüber hinaus unterstützt es die Bräunung und trägt zur Haltbarmachung bei.

MARGARINE

Margarine wird durch die Emulsion von pflanzlichen Fetten und Wasser gewonnen (Veganer sollten jedoch wissen, dass viele Produkte Milch enthalten). Als Geschmacksträger hebt sie den Geschmack der verwendeten Zutaten. Die Margarine, die wir alle kennen, ist die weiche Margarine, die in Bechern angeboten wird und die immer streichfähig ist, sogar wenn sie direkt aus dem Kühlschrank kommt. Für die Rezepte in diesem Buch ist diese Streichmargarine allerdings ungeeignet. Deshalb verwende ich in den meisten Rezepten eine sogenannte Backmargarine. Für das Gelingen des Gebäcks ist es wirklich wichtig, diese nicht durch Streichmargarine zu ersetzen. Warum? Weil Backmargarine härter ist als Streichmargarine und in Konsistenz und Geschmack der Butter am ähnlichsten ist. Außerdem hat sie einen höheren Fettanteil (um die 80%). Deshalb erzielt man mit Backmargarine in der veganen Patisserie die besten Resultate. Backmargarine wird häufig – wie Butter – in Staniol verpackt in Blöcken angeboten und ist in jedem Supermarkt erhältlich. Weil sie ähnlich hart ist wie Butter, weise ich in den Rezepten immer darauf hin, sie einige Zeit vor dem Backen aus dem Kühlschrank zu nehmen, damit sie sich (vor allem in Biskuitteigen) leichter verarbeiten lässt.

ÖL

Für Rührkuchen und Cakes nehme ich vorzugsweise Pflanzenöl, denn es hat den Vorteil, dass es im Unterschied zu Margarine und Kokosöl nicht fest wird, wenn das Gebäck abkühlt, wodurch die Teige besonders weich werden. Damit der Geschmack des Gebäcks nicht beeinträchtigt wird, solltet ihr am besten ein geschmacksneutrales Öl wie z.B. Traubenkern-, Erdnuss- oder Sonnenblumenöl verwenden.

GESCHMACKSNEUTRALES KOKOSÖL

Im Gegensatz zu allen anderen Pflanzenölen wird Kokosöl bei Temperaturen unter 25°C fest und muss vor dem Backen unter Umständen erst wieder verflüssigt werden. Damit das Gebäck nicht zwingend nach Kokos schmeckt, verwende ich ausschließlich geschmacksneutrales (desodoriertes) Kokosöl.

PFLANZENDRINK/PFLANZLICHE MILCH

Hier empfehle ich vor allen Dingen Sojadrink, der der Kuhmilch ernährungsphysiologisch und hinsichtlich seiner stabilisierenden und emulgierenden Eigenschaften am nächsten kommt. Aufgrund seines relativ neutralen Geschmacks ist er außerdem für alle Zubereitungen geeignet. Was ihr auch wissen solltet: Der Flüssigkeitsanteil bestimmt darüber, ob ein Gebäck knusprig oder weich wird. Ein Mürbeteig oder ein Keksteig enthält nur sehr wenig Flüssigkeit und ist deshalb knusprig. Brioches, Rührkuchen und Muffins dagegen enthalten mehr Flüssigkeit und haben deshalb eine weiche Krume.

SOJAJOGHURT

Sojajoghurt ist mein bevorzugter pflanzlicher Joghurt, denn er wird als einziger auf die gleiche Weise hergestellt wie herkömmlicher Joghurt. Deshalb kommt man bei Verwendung von Sojajoghurt ohne Zugabe eines Verdickungs- oder Geliermittels aus. In Kuchenteigen dient er häufig als Eiersatz, denn er fungiert wie diese als Feuchtigkeitsspender und Bindemittel und sorgt dafür, dass der Teig geschmeidig wird. Als Ersatz für ein ganzes Ei rechnet man 50 g Joghurt.

PFLANZLICHE SAHNE

Im Handel wird vegane Sahne in der Regel in kleinen Tetrapaks angeboten. Sie eignet sich im Allgemeinen gut als Ersatz für herkömmliche Sahne und sorgt für Feuchtigkeit, Bindung und Sämigkeit. Die besten Ergebnisse erzielt man mit Sojasahne, die außerdem vielseitig verwendbar und geschmacksneutral ist. Vegane Sahne lässt sich allerdings nicht schlagen. Dafür werden spezielle vegane Schlagcremes angeboten.

SCHOKOLADE

Schokolade spielt in der Patisserie eine wichtige Rolle und ist auch Hauptzutat in vielen Rezepten dieses Buchs. Deshalb solltet ihr sie – sei es als Tafel oder als Splitter – stets vorrätig haben. Vegane Schokolade, sei es Blockschokolade, Kuvertüre, Tafelschokolade oder Schokoladensplitter, ist inzwischen in jedem Supermarkt erhältlich. Dennoch ist hier Vorsicht geboten, denn viele Produkte enthalten Milch. Die meisten Zartbitterprodukte kommen ohne aus. Zum Überziehen könnt ihr auch vegane Vollmilchschokolade oder weiße Schokolade nehmen. Wichtig zu wissen ist auch, dass Schokolade sehr empfindlich ist und man sie nur über einem Wasserbad (das Wasser darf dabei nicht sprudelnd kochen!) oder in 30-Sekunden-Intervallen in der Mikrowelle schmelzen darf. Dabei solltet ihr regelmäßig umrühren, bis sie geschmolzen und vollkommen glatt ist.

KAKAOPULVER

Das Kakaopulver, das ihr verwendet, muss ungesüßt und zu 100 % aus Kakao sein. Es dient zum Aromatisieren und zum Unterstreichen des Schokoladengeschmacks, sollte aber sparsam dosiert werden, damit der bittere Schokoladengeschmack das Aroma der übrigen Zutaten nicht überdeckt.

AGAR-AGAR

Agar-Agar ist ein geschmacksneutrales natürliches Geliermittel, das aus einer Rotalge gewonnen wird. Damit es seine Gelierfähigkeit entfalten kann, muss es zunächst in Flüssigkeit aufgekocht werden und danach mindestens 1 Minute kochen. Die Zubereitung geliert dann beim Abkühlen. Die Gelierfähigkeit von Agar-Agar ist zehnmal höher als die von Gelatine, weshalb es sparsam und genau dosiert werden muss.

AQUAFABA

Als Aquafaba bezeichnet man die Kochflüssigkeit von Kichererbsen. Durch das darin enthaltene Albumin lässt es sich wie Eiweiß zu Schnee schlagen. Man kann die Flüssigkeit aus Konserven auffangen oder ihr nehmt das Kochwasser, wenn ihr selbst Kichererbsen kocht. Noch besser lässt Aquafaba sich steif schlagen, wenn man die Flüssigkeit vorher 10 bis 15 Minuten bei schwacher Hitze reduziert, damit das Wasser möglichst vollständig verdunstet.

DIESE ZUTATEN SOLLTET IHR AUSSERDEM VORRÄTIG HABEN:

Nüsse, Vanillezucker, Backnatron, gemahlene Mandeln, Kokosraspel, Vanillearoma und Vanilleschoten, Agavendicksaft, Orangenblütenwasser, Apfelessig, Zimt, Krokant, Fruchtpüree.

Die Utensilien

Ob Cremes und Flans, Gebäck aller Art oder kleine Süßigkeiten – damit euch eure süßen Leckereien perfekt gelingen, solltet ihr unbedingt in eine gute Ausstattung investieren. In der folgenden Liste findet ihr deshalb all die Utensilien, die ihr am häufigsten benötigt.

DIE KÜCHENWAAGE

In der Patisserie kommt es sehr auf Genauigkeit an. Deshalb mein Rat: Vergesst den Messbecher und wiegt sämtliche Zutaten mit einer elektronischen Küchenwaage ab. Dies ist ein erster Schritt zum Erfolg.
Für kleine Grammmengen (wie z.B. beim Agar-Agar) würde ich euch außerdem die Anschaffung einer Präzisionswaage empfehlen.

DER BACKOFEN

Eine überaus wichtige Rolle fürs Gelingen spielt der Backofen, den ihr deshalb genau kennen solltet. Denn jeder Ofen ist anders, und die Backzeiten und -temperaturen können von Gerät zu Gerät variieren. Deshalb sind die in den Rezepten angegebenen Zeiten und Temperaturen auch nur als Richtwerte zu betrachten. Und vergesst nicht, den Ofen immer gut vorzuheizen, damit er die richtige Temperatur hat, wenn ihr das Gebäck hineinschiebt. Sämtliches Gebäck wurde im Umluftherd gebacken. Eine Ausnahme bilden lediglich die Madeleines und die Keksriegel mit Schokofüllung, die – wie in den jeweiligen Rezepten angegeben – bei Ober- und Unterhitze gebacken werden müssen.
Und noch ein Hinweis: Weil veganes Gebäck keine Eier enthält, die gerinnen, benötigt es eine längere Backzeit. Kuchen brauchen deshalb nicht selten mehr als eine Stunde, bis sie durchgebacken sind.

DIE KÜCHENMASCHINE

Eine Küchenmaschine ist eine enorme Hilfe, mit der sich viel wertvolle Zeit sparen lässt. Kann man doch – während sie arbeitet – gleichzeitig noch andere Rezeptbestandteile zubereiten. Küchenmaschinen sind in der Regel mit einem Rührbesen zum Schlagen und Rühren, einem Knethaken zum Kneten von Hefeteig und einem Flachrührer für Tarte- und Biskuitteige ausgestattet.

SCHÜSSELN

Schüsseln sind unverzichtbar zum Mischen und Verrühren. Idealerweise solltet ihr über Schlag- und Rührschüsseln sowie Glasschüsseln in unterschiedlichen Größen und mikrowellengeeignete Schüsseln (um Margarine und Schokolade in der Mikrowelle zu schmelzen) verfügen.

DER SCHNEEBESEN

Das Werkzeug der Patisserie schlechthin ist unverzichtbar, um Zutaten gleichmäßig zu verrühren und um Sahne, Eiweiß und anderes luftig aufzuschlagen. Damit der Schneebesen gut in der Hand liegt, sollte er einen möglichst breiten Griff haben.

DAS NUDELHOLZ

Dieses klassische Küchenutensil dient zum gleichmäßigen Ausrollen von Teigen. Ich empfehle euch ein Modell aus Holz und ohne Griffe.

DER TEIGSCHABER

Die weichen Teigschaber sind ideal zum vorsichtigen Verrühren und Unterheben, aber auch zum Säubern der Schüsselwände beim Schlagen und Pürieren und um auch noch den letzten Rest aus den Schüsseln herauszuholen. Am besten lässt es sich mit einem weichen Silikonteigschaber arbeiten.

DIE PALETTE

Sie dient zum Glattstreichen von Teigoberflächen und zum gleichmäßigen Verteilen eines Gusses oder Überzugs.

DER BACKPINSEL

Der Backpinsel ist unverzichtbar zum Tränken von Biskuitgebäck und zum Bestreichen.

DAS ZUCKERTHERMOMETER

Mit dem Zuckerthermometer lässt sich die Temperatur von Sirup, Karamell und geschmolzener Schokolade genau ermitteln.

DAS FEINMASCHIGE SIEB

Es ist unverzichtbar zum Passieren von Cremes, Saucen und anderem mehr. Klümpchen ade!

DER SPRITZBEUTEL MIT TÜLLEN

Der Spritzbeutel dient zum Verzieren, aber auch zum Auf- und Einspritzen von Teigen und Cremes. Das Befüllen geht am leichtesten, wenn man ihn in eine hohe Rührschüssel stellt. Mit unterschiedlichen Tüllen lassen sich verschiedene Formen und Dekors herstellen.

AUSSTECHER

Formen zum akkuraten Ausstechen von Motiven aus Teigen gibt es in den unterschiedlichsten Varianten und Größen. Am besten legt ihr euch gleich ein kleines Sortiment zu.

DIE BACKFORMEN

Backformen gibt es ebenfalls in verschiedenen Formen und Größen. Für die Rezepte in diesem Buch benötigt ihr eine 20 cm lange Kastenform, eine runde Form mit 20 bis 22 cm Durchmesser, eine quadratische Form mit 20 cm Seitenlänge und verschiedene Silikonformen (z.B. für Muffins, Madeleines, Financiers etc.).

Und damit sich große Kuchen nach dem Backen besser aus der Form lösen, ist es hilfreich, wenn man sie vor dem Einfüllen des Teigs einfettet und mit Backpapier auskleidet.

GLASGEFÄSSE UND SCHRAUBGLÄSER

Dekorative Gläschen sind ideal zum Servieren von Cremes, Joghurts und Mousses. Zum Aufbewahren von Aufstrichen empfehle ich euch luftdicht verschließbare Schraubgläser.

DER STABMIXER

Der Stabmixer ist ein wertvolles Utensil in der veganen Patisserie, denn er ist ideal zum Glattrühren und Emulgieren. Am besten, ihr kauft euch ein möglichst hochwertiges, leistungsstarkes Modell.

DAS BACKBLECH

Das Backblech ist ein absolut unverzichtbares Utensil, und man sollte am besten mindestens zwei davon besitzen. Kauft euch am besten Lochbleche, bei denen die Hitze besser zirkulieren kann.

SILIKONBACKMATTE UND BACKPAPIER

Beides sind wertvolle Helfer, damit Gebäck und anderes nicht am Backblech oder in der Form anhängt. Besonders empfehlen kann ich euch die Backmatte aus Silikon, denn sie ist widerstandsfähig und nachhaltig und ihr spart Geld damit.

DAS KUCHENGITTER

Ein Kuchengitter benötigt ihr, um Kuchen und anderes Gebäck auskühlen zu lassen, ohne dass sich Feuchtigkeit bildet. Hilfreich ist es auch als Unterlage, um Gebäck mit flüssiger Schokolade oder einem Guss zu überziehen.

FRISCHHALTEFOLIE, LUFTDICHT VERSCHLIESSBARE DOSEN UND BLECHDOSEN

Sie sind unverzichtbar zur Aufbewahrung eurer Leckereien. Wie ihr sie am besten verpackt, ist jeweils in den Rezepten angegeben.

WEITERE UNVERZICHTBARE KÜCHENUTENSILIEN

Kasserolle, Pfanne, Ess- und Teelöffel, Gabel, Koch- und Brotmesser, Holzpfannenwender, Schere, Schöpfkelle, Zestenreibe.

40x30cm

1
Cremes, Mousses und Joghurts

Maronenmousse

Als Kind war diese Mousse mein absoluter Favorit. Deshalb bin ich total begeistert von dieser selbst gemachten, 100% veganen Version, die genauso unvergleichlich schmeckt wie in meinen Kindertagen. Genau das Richtige, wenn euch die Lust auf etwas leckeres Süßes überkommt.

Schwierigkeitsgrad: **einfach** – Zubereitungszeit: **15 Minuten** – Kochzeit: **5 Minuten** – Ruhezeit: **12 Stunden** im Kühlschrank – Aufbewahrung: **2 Tage** im Kühlschrank

---

ZUTATEN FÜR 4–6 PORTIONEN

200 g Maronencreme

75 g flüssige vegane Sahne

50 ml geschmacksneutrales Kokosöl (nach Belieben)

1 g Agar-Agar

85 ml zimmerwarmes Aquafaba

1 Die Maronencreme in einer Stielkasserolle mit der Sahne und dem Kokosöl (nach Belieben) kräftig mit dem Schneebesen aufschlagen. Den Agar-Agar hinzufügen und sorgfältig unterschlagen.

2 Die Mischung 1–2 Minuten bei mittlerer bis starker Hitze kochen lassen und dabei ständig kräftig mit dem Schneebesen rühren. Anschließend von der Herdplatte nehmen und bei Zimmertemperatur abkühlen lassen. Dabei regelmäßig mit dem Schneebesen umrühren, damit sich keine Haut bildet.

3 Das Aquafaba 5–10 Minuten auf höchster Stufe in der Küchenmaschine oder einer Rührschüssel steif schlagen, bis es nicht mehr von den Rührbesen tropft oder aus der Rührschüssel läuft, wenn ihr sie umdreht.

4 Sofort die Maronenmischung darübergießen und alles vorsichtig mit einem Teigschaber verrühren, bis eine homogene Mousse entstanden ist.

5 Die Mousse auf Portionsförmchen verteilen und vor dem Servieren mindestens 12 Stunden im Kühlschrank fest werden lassen (das Kühlen ist wichtig, damit die Mousse die richtige Konsistenz bekommt).

TIPP

Je nachdem, was für eine Maronencreme ihr verwendet, wird die Mousse mehr oder weniger süß sein und einen mehr oder weniger intensiven Maronengeschmack haben. Damit ihr das Produkt wählt, das euren Geschmacksvorlieben entspricht, werft beim Einkauf einen Blick auf die Zutatenlisten der Produkte (Bioprodukte sind in der Regel am wenigsten süß).

Vanillecreme

Mit seinem intensiven Vanillegeschmack und seiner besonderen Cremigkeit wird dieses samtige Vanilledessert nicht nur kleine Leckermäulchen begeistern – auch die Großen werden es lieben.

Schwierigkeitsgrad: **einfach** – Zubereitungszeit: **15 Minuten** – Kochzeit: **10 Minuten** – Ruhezeit: **8 Stunden** im Kühlschrank

---

ZUTATEN FÜR 4 PORTIONEN

1 Vanilleschote

500 ml Sojadrink

1 Msp. natürliche gelbe Lebensmittelfarbe (nach Belieben)

20 g Maisstärke

60 g Zucker

2 g Agar-Agar

1 Die Vanilleschote der Länge nach aufschlitzen und das Mark herauskratzen. Beides mit dem Sojadrink und der Lebensmittelfarbe (nach Belieben) in eine Stielkasserolle geben und das Ganze aufkochen lassen. Den Topf danach von der Herdplatte nehmen.

2 Den Topf zudecken oder mit Frischhaltefolie abdecken und die Mischung bei Raumtemperatur abkühlen lassen, bis sie lauwarm ist. Anschließend im Kühlschrank vollständig erkalten lassen. Die Vanilleschote danach herausnehmen.

3 Die Maisstärke in einer zweiten Stielkasserolle mit dem Zucker und dem Agar-Agar mischen und mit etwas kaltem Vanilledrink glatt rühren. Dann nach und nach den restlichen Vanilledrink einrühren.

4 Die Mischung bei mittlerer bis starker Hitze erhitzen, bis sie kocht und leicht eindickt. Dabei ständig mit dem Schneebesen rühren. Die Creme danach etwa 1 Minute unter Rühren kochen lassen.

5 Die Creme in eine Schüssel füllen, mit Frischhaltefolie abdecken und bei Raumtemperatur abkühlen lassen, bis sie lauwarm ist. Anschließend im Kühlschrank vollständig erkalten lassen (danach wird sie in etwa die Konsistenz eines Flans haben).

6 Die erkaltete Creme mit dem Stabmixer aufschlagen, bis sie glatt und cremig ist.

7 Die Creme auf Dessertgläschen oder Portionsförmchen verteilen und sofort genießen oder im Kühlschrank aufbewahren.

TIPP

Damit die Vanilleschote ihr volles Aroma entfaltet, ist es wichtig, sie im Sojadrink ziehen zu lassen, bis dieser vollständig erkaltet ist.

Vanilleflan mit Karamell

Für mich gibt es kaum einen besseren Pausensnack als diese kleinen Flans mit dem wunderbaren Vanillearoma und dem köstlichen Karamellüberzug.

Schwierigkeitsgrad: **einfach** – Zubereitungszeit: **15 Minuten** – Kochzeit: **10 Minuten** – Ruhezeit: **2 Stunden** im Kühlschrank – Aufbewahrung: **3 Tage** im Kühlschrank

---

ZUTATEN FÜR 5 FLANS

FÜR DEN KARAMELL

50 g Zucker

¼ TL Zitronensaft oder weißer Essig

FÜR DIE FLANS

10 g Maisstärke

45 g Zucker

1 Päckchen Vanillezucker

2 g Agar-Agar

550 ml geschmacksneutraler Pflanzendrink

1 EL flüssiges Vanillearoma

DEN KARAMELL HERSTELLEN

1 Den Zucker in einer kleinen Stielkasserolle mit 10 ml Wasser und dem Zitronensaft oder dem Essig verrühren, bei mittlerer bis starker Hitze zum Kochen bringen und so lange kochen lassen, bis ein bernsteinfarbener Karamell entstanden ist. Den Topf dann von der Herdplatte nehmen und langsam und vorsichtig (Achtung vor Spritzern) 20 ml Wasser einrühren.

2 Die Kasserolle wieder auf den Herd stellen und den Karamell etwa 30 Sekunden unter Rühren kochen lassen.

3 Den Karamell auf fünf Portionsförmchen verteilen und bis zur Fertigstellung des Flans in den Kühlschrank stellen.

DEN FLAN ZUBEREITEN

1 In einer Stielkasserolle die Stärke mit Zucker, Vanillezucker und dem Agar-Agar mischen. Etwas Pflanzendrink und das Vanillearoma hinzufügen und das Ganze mit dem Schneebesen glatt rühren. Unter ständigem Rühren nach und nach den restlichen Pflanzendrink angießen und die Mischung 1 Minute bei mittlerer bis starker Hitze unter Rühren kochen lassen.

2 Den Topf von der Herdplatte nehmen, den Flan etwa 15 Minuten bei Raumtemperatur abkühlen lassen und danach auf den inzwischen erstarrten Karamell in den Förmchen verteilen. Die Flans vor dem Stürzen und Servieren mindestens 2 Stunden im Kühlschrank fest werden lassen.

TIPP

Damit beim Stürzen der Flans nichts schiefgeht, sind Flanförmchen mit herausnehmbaren Böden ideal.

Trinkjoghurt

Ein leckerer, fruchtiger Trinkjoghurt ist immer eine willkommene Erfrischung. Mein Rezept lässt sich unendlich abwandeln, ist schnell gemacht und ist weitaus gesünder und preiswerter als die Fertigprodukte aus dem Handel. Und ihr braucht dafür nicht einmal einen Joghurtbereiter!

Schwierigkeitsgrad: **einfach** – Zubereitungszeit: **5 Minuten** – Aufbewahrung: **24 Stunden** im Kühlschrank

---

ZUTATEN FÜR 4 FLÄSCHCHEN

300 g veganer Naturjoghurt

200 ml geschmacksneutraler Pflanzendrink

180 g frische oder tiefgefrorene Früchte (gewaschen und geputzt bzw. aufgetaut)

25 g Zucker (die Menge je nach Geschmack und Süße der Früchte anpassen)

1 Sämtliche Zutaten im Mixer glatt rühren.

2 Den Joghurt abschmecken und je nach Geschmack oder Süße der Früchte noch etwas Zucker hinzufügen.

3 Den Joghurt bei Bedarf noch durch ein Sieb passieren und in die Fläschchen füllen.

4 Sofort genießen oder in den Kühlschrank stellen. Die Fläschchen dann vor dem Trinken gut schütteln.

TIPP

Wenn ihr keine Früchte habt, ersetzt ihr sie einfach durch einen Fruchtsirup eurer Wahl (etwa 50 ml) und lasst den Zucker weg.

Mousse au Chocolat

Das Aquafaba, das dickflüssige Kochwasser von Hülsenfrüchten, niemals wegschütten. Es ist ideal für eine Mousse. Die Zubereitung dieser Mousse au Chocolat dauert gerade einmal eine Viertelstunde, und nach ein paar Stunden im Kühlschrank habt ihr eine zugleich feste und trotzdem luftige und zart schmelzende Mousse. Zum Niederknien!

Schwierigkeitsgrad: **einfach** – Zubereitungszeit: **15 Minuten** – Ruhezeit: **2 Stunden** im Kühlschrank – Aufbewahrung: **2 Tage** im Kühlschrank

---

ZUTATEN FÜR 4–6 PORTIONEN

200 g vegane Schokolade, gehackt

50 ml geschmacksneutraler Pflanzendrink

120 ml zimmerwarmes Aquafaba

1 Die Schokolade mit dem Pflanzendrink in eine Schüssel geben und über einem Wasserbad oder in der Mikrowelle schmelzen lassen. Die geschmolzene Schokolade glatt rühren und bei Raumtemperatur stehen lassen.

2 Das Aquafaba mit dem Handmixer oder in der Küchenmaschine 5–10 Minuten auf höchster Stufe aufschlagen, bis es nicht mehr von den Rührbesen tropft und nicht aus dem Rührbecher läuft, wenn man ihn umdreht.

3 Von dem Aquafabaschnee 2 große Löffel abnehmen und mit dem Schneebesen unter die geschmolzene Schokolade schlagen.

4 Die Mischung über den restlichen Aquafabaschnee gießen und mit einem Teigschaber vorsichtig unterheben, bis eine homogene Mousse entstanden ist. Keine Sorge: Es ist normal, dass die Mousse in diesem Stadium relativ flüssig ist und an Volumen verloren hat. Nach dem Kühlen wird sie genau die richtige Konsistenz haben.

5 Die Mousse auf Dessertgläschen oder Portionsförmchen verteilen und vor dem Genießen mindestens 2 Stunden im Kühlschrank fest werden lassen.

TIPP

Wenn ihr eine etwas herbere Schokolade mit höherem Kakaoanteil (65–70%) bevorzugt, benötigt ihr die doppelte Menge Pflanzendrink, damit die Mousse nicht zu kompakt wird.

Schokocreme mit Sahnehaube

Mit dieser fantastischen, von einer Sahnehaube gekrönten Schokocreme kann man beim Dessert immer punkten. Und ihr könnt mir glauben: Selbst gemacht schmeckt sie noch besser! Achtet beim Kauf der Sahne darauf, dass sie sich auch schlagen lässt, denn nicht jede vegane Sahne eignet sich dafür. Schlagbare vegane Sahne wird in der Regel in kleinen Tetrapaks als »Schlagcreme« in großen Supermärkten und Bioläden angeboten.

Schwierigkeitsgrad: **einfach** – Zubereitungszeit: **15 Minuten** – Kochzeit: **5 Minuten** – Ruhezeit: **4 Stunden** im Kühlschrank – Aufbewahrung: **2 Tage** im Kühlschrank

---

ZUTATEN FÜR 4 PORTIONEN

FÜR DIE SCHOKOLADENCREME

100 g vegane Schokolade
25 g Maisstärke
25 g Zucker
500 ml Sojadrink

FÜR DIE SAHNEHAUBE

100 g vegane Schlagcreme, gut gekühlt
10 g Puderzucker (falls die Schlagcreme nicht gesüßt ist)
ungesüßtes Kakaopulver oder Schokoladenraspel (nach Belieben)

TIPP

Einen noch intensiveren Schokoladengeschmack bekommt die Creme, wenn ihr gleich zu Anfang noch 1 TL ungesüßtes Kakaopulver zur Maisstärke-Zucker-Mischung gebt.

DIE SCHOKOLADENCREME ZUBEREITEN

1 Die Schokolade mit einem großen Messer fein hacken.

2 In einer Stielkasserolle die Maisstärke mit dem Zucker mischen und mit einem Schneebesen mit etwas Sojadrink glatt rühren. Anschließend nach und nach unter ständigem Rühren den restlichen Sojadrink hinzufügen.

3 Die gehackte Schokolade dazugeben und die Mischung bei mittlerer bis starker Hitze kochen lassen, bis sie eindickt. Dabei ständig mit dem Schneebesen rühren.

4 Die kochende Creme in eine Schüssel füllen, mit Frischhaltefolie abdecken und bei Raumtemperatur abkühlen lassen, bis sie lauwarm ist. Die Schüssel danach in den Kühlschrank stellen, bis die Creme vollständig erkaltet ist und in etwa die Konsistenz eines Flans hat.

5 Die erkaltete Creme mit dem Stabmixer cremig rühren und danach auf vier Dessertgläschen oder Portionsförmchen verteilen.

DIE SAHNEHAUBE HERSTELLEN

1 Die Schlagcreme mit dem Handmixer oder in der Küchenmaschine steif schlagen.

2 In einen Spritzbeutel mit Sterntülle füllen und auf die Cremes spritzen.

3 Nach Belieben mit Kakaopulver oder Schokoladenraspeln bestreuen und sofort genießen oder im Kühlschrank aufbewahren.

Softeis

Vielleicht erinnert ihr euch noch an das berühmte Softeis mit der typischen Wirbelform, das man in einer Waffel und – wenn's ganz luxuriös war – sogar noch mit einem Überzug, etwa aus Schokolade, genoss. Ich jedenfalls war als Kind ganz verrückt danach und kam an keinem Fast-Food-Restaurant vorbei, ohne mir diese Leckerei zu gönnen. Heute mache ich mein Softeis selber. Es schmeckt genauso lecker – und ist billiger!

Schwierigkeitsgrad: **einfach** – Zubereitungszeit: **10 Minuten** – Kochzeit: **5 Minuten** – Ruhezeit: **4 Stunden** im Kühlschrank + **20–40 Minuten** in der Eismaschine – Aufbewahrung: **sofort** genießen

---

ZUTATEN
FÜR 4 KLEINE PORTIONEN

60 g Zucker

10 g Maisstärke

200 ml Vanille-Sojadrink

250 g flüssige Sojasahne

Zum Überziehen nach Wahl: z. B. flüssiger Karamell, Schokoladensauce oder Frucht-Coulis

Zum Bestreuen nach Wahl: Oreo®, Spekulatius, Cookies (zerkrümelt), gehackte Erdnüsse, Mandelblättchen, Krokant etc.

1 Den Zucker und die Stärke in einer Stielkasserolle mischen und mit etwas Sojadrink glatt rühren. Dann nach und nach den restlichen Sojadrink und zum Schluss die Sojasahne einrühren.

2 Die Mischung 1 Minute bei mittlerer bis starker Hitze kochen lassen und dabei ständig mit dem Schneebesen rühren.

3 Die Creme in eine Schüssel füllen, mit Frischhaltefolie abdecken und bei Raumtemperatur abkühlen lassen, bis sie lauwarm ist. Anschließend im Kühlschrank vollständig erkalten lassen.

4 Die erkaltete Creme danach je nach gewünschter Konsistenz 20–40 Minuten in der Eismaschine gefrieren lassen.

5 Die Eiscreme in einen Spritzbeutel mit großer Sterntülle füllen.

6 In die Dessertgläser oder -schalen spritzen, mit Karamell, Schokoladensauce oder einer Coulis überziehen und mit einem Topping eurer Wahl bestreuen.

7 Und dann sofort genießen, denn das Softeis schmilzt sehr schnell!

Fruchtige Mini-Joghurts

Einfach unwiderstehlich sind diese kleinen fruchtigen Pausensnacks, und ich bin sehr stolz auf meine Version. Kommt sie den im Handel angebotenen Joghurts doch sehr nahe, und das ganz ohne Zusatzstoffe. Außerdem lassen sie sich mit unterschiedlichen Fruchtsirupen ohne großen Aufwand auf vielfältige Weise abwandeln.

Schwierigkeitsgrad: **einfach** – Zubereitungszeit: **10 Minuten** – Abtropfzeit: **24 Stunden** im Kühlschrank – Ruhezeit: **1 Stunde** im Kühlschrank – Aufbewahrung: **3 Tage** im Kühlschrank

---

ZUTATEN FÜR 5 KLEINE BECHER

500 g Soja-Naturjoghurt

25 ml Fruchtsirup

15 g Zucker (die Menge kann nach Geschmack angepasst werden)

1 Ein großes feinmaschiges Sieb über einer ausreichend hohen Schüssel einhängen (das Sieb darf den Boden der Schüssel nicht berühren), mit einem sauberen Geschirrtuch oder einem großen, mehrfach gefalteten Stück Gaze auskleiden und den Joghurt hineingießen.

2 Die Schüssel mit dem Sieb in den Kühlschrank stellen und den Joghurt 24 Stunden abtropfen lassen. Der Joghurt bekommt so eine festere Konsistenz, und das Gewicht wird sich danach um die Hälfte – auf etwa 250 g – reduziert haben.

3 Den abgetropften Joghurt in einer Schüssel kräftig mit dem Sirup und dem Zucker verrühren, bis die Zutaten gut vermischt sind.

4 Auf kleine Joghurtbecher verteilen und vor dem Servieren mindestens 1 Stunde in den Kühlschrank stellen.

TIPP

Den Sirup könnt ihr auch weglassen und den Joghurt nur mit etwas Zucker bestreut genießen. Sehr gut schmeckt er auch mit ein wenig Salz als eine Art Frischkäse.

2
Kekse und Riegel

Schweinsohren

Dieses knusprige Blätterteiggebäck mit der feinen Karamellnote habe ich als Kind beim Nachmittagsimbiss mit Begeisterung verschlungen. Es schmeckt einfach so gut, dass ich nie genug davon bekommen kann.

Schwierigkeitsgrad: **einfach** – Zubereitungszeit: **15 Minuten** – Backzeit: **15–25 Minuten** – Ruhezeit: **30 Minuten** in der Tiefkühltruhe – Aufbewahrung: **1 Woche** bei Raumtemperatur in einer Blechdose

---

ZUTATEN FÜR ETWA 20 STÜCK

70 g weißer Zucker

70 g brauner Zucker

2 rechteckige vegane Blätterteigplatten

1 Den weißen und den braunen Zucker in einer kleinen Schüssel mischen.

2 Ein Blätterteigblatt ausrollen und gleichmäßig mit der Zuckermischung bestreuen. Das zweite Teigblatt darauflegen und ebenfalls mit dem Zucker bestreuen.

3 Die Enden auf beiden Seiten etwa 3 cm breit umschlagen und die Ränder mit Zucker bestreuen. Die Enden erneut umschlagen und mit Zucker bestreuen (dabei darauf achten, dass genug Zucker für die weiteren Schritte übrig bleibt). Die Enden ein letztes Mal umschlagen, sodass sie in der Mitte zusammenstoßen.

4 Die so entstandene Teigrolle in Frischhaltefolie oder Backpapier verpacken und für 30 Minuten in die Tiefkühltruhe legen.

5 Nachdem der Teig geruht hat, den Backofen auf 190 °C (Umluft 170 °C) vorheizen.

6 Die Teigrolle in etwa 1 cm breite Stücke schneiden.

7 Die Stücke im restlichen Zucker wenden und auf einem mit einer Silikonmatte oder mit Backpapier ausgelegten Backblech verteilen. Dabei auf ausreichenden Abstand achten, weil sich das Gebäck beim Backen ausdehnt.

8 Die Schweinsohren 15–25 Minuten goldbraun backen und danach auf einem Kuchengitter auskühlen lassen.

TIPP

Für eine feine Gewürznote könnt ihr noch 1 gestrichenen TL Zimt unter den Zucker mischen.

Biskuitkekse mit Himbeerfüllung

Diese köstlichen weichen, mit einem fruchtigen Himbeergelee gefüllten und mit einem knackigen Schokoladenüberzug gekrönten Biskuitkekse werden gewiss auch bei euch Kindheitserinnerungen wecken.

Schwierigkeitsgrad: **einfach** – Zubereitungszeit: **30 Minuten** – Backzeit: **10–12 Minuten** – Ruhezeit: **10 Minuten** bei Raumtemperatur + **15 Minuten** in der Tiefkühltruhe – Aufbewahrung: **2 Tage** in einer luftdicht verschlossenen Dose bei Raumtemperatur

---

ZUTATEN FÜR ETWA 20 STÜCK

FÜR DEN TEIG

100 ml geschmacksneutraler Pflanzendrink

½ TL Apfelessig

100 g Mehl Type 405

20 g Maisstärke

60 g Zucker

3 g Backpulver

1 Prise feines Salz

60 ml geschmacksneutrales Pflanzenöl

1 TL flüssiges Vanillearoma

FÜR DAS HIMBEERGELEE

180 ml Himbeerpüree

1 g Agar-Agar

FÜR DEN ÜBERZUG

150 g vegane Schokolade oder Kuvertüre, gehackt

DEN BISKUITTEIG HERSTELLEN

1 Den Backofen auf 180 °C (Umluft 160 °C) vorheizen.

2 Den Pflanzendrink in einer kleinen Schüssel mit dem Essig verrühren und 10 Minuten ruhen lassen.

3 In einer zweiten Schüssel das Mehl mit der Stärke, dem Zucker, dem Backpulver und dem Salz mischen.

4 Nach Ablauf der Ruhezeit das Öl und das Vanillearoma zur Pflanzendrinkmischung geben und alles kräftig mit dem Schneebesen verrühren.

5 Die Mischung über die trockenen Zutaten gießen und beides rasch (ohne den Teig zu sehr durchzuarbeiten) zu einem homogenen Teig verrühren.

6 Mit einem Esslöffel Häufchen vom Teig abnehmen und auf die Vertiefungen einer Muffinform verteilen.

7 Die Biskuits auf der mittleren Schiene 10–12 Minuten goldgelb backen.

8 Die Biskuits aus dem Ofen nehmen und mit dem Boden eines kleinen Glases jeweils eine Vertiefung hineindrücken.

9 Die Biskuits lauwarm abkühlen lassen, aus der Form lösen und auf einem Kuchengitter vollständig auskühlen lassen.

Biskuitkekse mit Himbeerfüllung

DAS HIMBEERGELEE HERSTELLEN

1 Das Himbeerpüree in eine kleine Stielkasserolle gießen und den Agar-Agar kräftig mit dem Schneebesen unterrühren.

2 Bei mittlerer bis starker Hitze 1 Minute kochen lassen und dabei ständig mit dem Schneebesen rühren.

3 Den Topf von der Herdplatte nehmen und das Gelee mit einem Teelöffel in die Vertiefungen der Biskuitböden füllen.

4 Das Gebäck anschließend 15 Minuten in die Tiefkühltruhe stellen.

DIE KEKSE FERTIGSTELLEN

1 Sobald das Gelee fest ist, die Schokolade in einer Schüssel über einem Wasserbad oder in der Mikrowelle schmelzen.

2 Die flüssige Schokolade mit einem Löffel gleichmäßig auf dem Gelee verstreichen oder die Kekse mit der Geleeseite nach unten hineintauchen und die überschüssige Schokolade danach abtropfen lassen.

3 Die fertigen Kekse auf ein Backblech legen und die Schokolade bei Raumtemperatur oder – wenn es schneller gehen soll – im Kühlschrank fest werden lassen.

TIPP

Das Himbeerpüree könnt ihr auch durch Orangenmarmelade ersetzen.

Süße Schiffchen

Diese wunderbaren weichen Schiffchen haben mich durch meine ganze Kindheit begleitet, und ich habe sie geliebt. Seid ganz unbesorgt: Sie sind viel einfacher zu machen, als es vielleicht aussieht.

Schwierigkeitsgrad: **einfach** – Zubereitungszeit: **20 Minuten** – Backzeit: **10 Minuten** – Ruhezeit: **10 Minuten** bei Raumtemperatur – Aufbewahrung: **2 Tage** in einer luftdicht verschlossenen Dose bei Raumtemperatur

---

ZUTATEN FÜR 30 STÜCK

FÜR DIE SCHIFFCHEN

100 ml geschmacksneutraler Pflanzendrink

½ TL Apfelessig

100 g Mehl Type 405

20 g Maisstärke

60 g Zucker

3 g Backpulver

1 Prise feines Salz

60 ml geschmacksneutrales Pflanzenöl

1 TL flüssiges Vanillearoma

FÜR DIE DEKORATION

Nuss-Nougat-Creme

Fruchtaufstrich oder Konfitüre

TIPP

Die Schiffchen können nach Belieben auch mit geschmolzener Schokolade, Maronencreme, Lemon Curd und anderem mehr garniert werden.

DIE SCHIFFCHEN BACKEN

1 Den Backofen auf 180 °C (Umluft 160 °C) vorheizen.

2 Den Pflanzendrink in einer kleinen Schüssel mit dem Essig verrühren und 10 Minuten ruhen lassen.

3 In einer zweiten Schüssel das Mehl mit der Stärke, dem Zucker, dem Backpulver und dem Salz mischen.

4 Nach Ablauf der Ruhezeit das Öl und das Vanillearoma zu der Pflanzendrinkmischung geben und alles kräftig mit dem Schneebesen verrühren.

5 Die Mischung über die trockenen Zutaten gießen und beides rasch (ohne den Teig zu sehr durchzuarbeiten) zu einem homogenen Teig verrühren.

6 Den Teig auf die Vertiefungen einer Schiffchenbackform verteilen. Die Mulden dabei nur zu drei Viertel füllen.

7 Die Schiffchen auf der mittleren Schiene etwa 10 Minuten backen, bis sie eine leicht goldgelbe Farbe angenommen haben.

8 Die Schiffchen aus dem Ofen nehmen und mit einem Messer- oder Löffelgriff Vertiefungen hineindrücken.

9 Das Gebäck einige Minuten abkühlen lassen, danach aus der Form lösen und auf einem Kuchengitter vollständig auskühlen lassen.

DIE SCHIFFCHEN GARNIEREN

1 Die Nuss-Nougat-Creme sowie den Fruchtaufstrich oder die Konfitüre (die Konfitüre vorher durch ein Sieb passieren, falls sie Stücke enthält) in der Mikrowelle lauwarm werden lassen.

2 Die Schiffchen damit garnieren und die Creme sowie den Aufstrich bzw. die Konfitüre fest werden lassen.

Doppelkekse mit Schokofüllung

Bestimmt waren diese knusprigen Kekse mit der zart schmelzenden Schokolade in der Mitte in der Kindheit auch eure ständigen Begleiter. Und damit auch ihr wirklich in eure Kindheit zurückkehrt, solltet ihr unbedingt ein Glas Pflanzendrink dazu trinken.

Schwierigkeitsgrad: **einfach** – Zubereitungszeit: **30 Minuten** – Backzeit: **15 Minuten** – Ruhezeit: **1 Stunde + 15 Minuten** im Kühlschrank – Aufbewahrung: **2 Tage** in einer Blechdose bei Raumtemperatur

---

ZUTATEN FÜR ETWA 10 STÜCK

FÜR DIE KEKSE

125 g vegane Backmargarine

200 g Mehl Type 550

50 g Vollkornmehl

70 g Puderzucker

40 g gemahlene Mandeln

1 Prise feines Salz

45 ml geschmacksneutraler Pflanzendrink

FÜR DIE GANACHE

120 g flüssige vegane Sahne

120 g vegane Schokolade, gehackt

DIE KEKSE BACKEN

1 Die Margarine einige Stunden vorher aus dem Kühlschrank nehmen, damit sie weich wird.

2 Die beiden Mehle in einer Schüssel mit dem Puderzucker, den gemahlenen Mandeln und dem Salz mischen. Die Margarine mit den Fingerspitzen einarbeiten, sodass ein feinkrümeliger Teig entsteht.

3 Den Pflanzendrink hinzufügen und alles rasch (ohne den Teig zu stark durchzuarbeiten) zu einer homogenen Teigkugel verarbeiten.

4 Den Teig zwischen zwei Bögen Backpapier etwa 3 mm dick ausrollen und 1 Stunde im Kühlschrank ruhen lassen.

5 Anschließend mit einem runden, geriffelten Ausstecher (ø 6–7 cm) Kekse daraus ausstechen, auf ein mit einer Silikonmatte oder mit Backpapier ausgelegtes Backblech legen (dabei auf ausreichenden Abstand achten) und mehrfach mit einem Zahnstocher einstechen.

6 Den Backofen auf 180 °C (Umluft 160 °C) vorheizen und das Blech währenddessen in den Kühlschrank stellen.

7 Die Kekse auf der mittleren Schiene etwa 15 Minuten goldgelb backen.

8 Aus dem Ofen nehmen und auf einem Kuchengitter vollständig auskühlen lassen.

Doppelkekse mit Schokofüllung

DIE GANACHE HERSTELLEN

1 Die Sahne in einer Stielkasserolle erhitzen und gleichzeitig die Schokolade in einer Schüssel über einem Wasserbad oder in der Mikrowelle schmelzen.

2 Sobald die Sahne zum Kochen kommt, den Topf von der Herdplatte nehmen und die geschmolzene Schokolade in vier Portionen sorgfältig einrühren, bis eine glatte Creme entstanden ist.

3 Die Ganache einige Zeit bei Raumtemperatur stehen lassen, bis sie etwas eingedickt ist. Dabei regelmäßig umrühren.

DIE KEKSE ZUSAMMENSETZEN

1 Die Ganache mit einem Spritzbeutel oder einem kleinen Löffel in der Mitte der Hälfte der Kekse verteilen. Die übrigen Kekse auflegen und leicht andrücken, damit sich die Schokoladencreme gleichmäßig verteilt.

2 Die Ganache bei Raumtemperatur oder – wenn es schneller gehen soll – im Kühlschrank fest werden lassen.

TIPP

Für eine Haselnussvariante die gemahlenen Mandeln durch gemahlene Haselnüsse ersetzen und die Ganache noch mit 2 EL Haselnussmus anreichern.

Schokotaler

Die Zugabe von Vollkornmehl verleiht diesen Talern etwas Rustikales, und der Schokoladenüberzug macht sie einfach unwiderstehlich.

Schwierigkeitsgrad: **einfach** – Zubereitungszeit: **30 Minuten** – Backzeit: **15 Minuten** – Ruhezeit: **1 Stunde + 15 Minuten** im Kühlschrank – Aufbewahrung: **3 Tage** in einer Blechdose bei Raumtemperatur

---

ZUTATEN FÜR 25 STÜCK

DIE KEKSE

75 g vegane Backmargarine

150 g Mehl Type 550

50 g Vollkornmehl

60 g brauner Zucker

3 g Backpulver

1 kräftige Prise feines Salz

FÜR DEN ÜBERZUG

120 g vegane Schokolade oder Kuvertüre, gehackt

DIE KEKSE BACKEN

1 Die Margarine einige Stunden vorher aus dem Kühlschrank nehmen, damit sie weich wird.

2 Die beiden Mehle in einer Schüssel mit dem Zucker, dem Backpulver und dem Salz mischen und die Margarine mit den Fingerspitzen einarbeiten, sodass ein feinkrümeliger Teig entsteht. 40 ml Wasser hinzufügen und alles rasch (ohne den Teig zu stark durchzuarbeiten) zu einer homogenen Teigkugel verarbeiten. Den Teig danach zwischen zwei Bögen Backpapier etwa 4 mm dick ausrollen und 1 Stunde im Kühlschrank ruhen lassen.

3 Anschließend mit einem runden Ausstecher (ø 6 cm) Kekse daraus ausstechen, auf ein mit einer Silikonmatte oder mit Backpapier ausgelegtes Backblech legen (dabei auf ausreichenden Abstand achten).

4 Den Backofen auf 180 °C (Umluft 160 °C) vorheizen und das Blech währenddessen in den Kühlschrank stellen. Die Kekse auf der mittleren Schiene etwa 15 Minuten goldgelb backen.

5 Das Blech aus dem Ofen nehmen und die Kekse auf einem Kuchengitter vollständig auskühlen lassen.

DIE KEKSE FERTIGSTELLEN

1 Sobald die Kekse vollständig ausgekühlt sind, die Schokolade in einer Schüssel über einem Wasserbad oder in der Mikrowelle schmelzen.

2 Die Kekse mit der glatten Seite in die Schokolade tauchen und die überschüssige Schokolade abtropfen lassen. Die Taler auf einem mit einer Silikonmatte oder mit Backpapier ausgelegten Backblech verteilen.

3 Die Schokolade einige Minuten fest werden lassen und danach mit einem Zahnstocher oder einem spitzen Messer ein Muster aus horizontalen und vertikalen Linien hineinritzen. Den Überzug bei Raumtemperatur oder – wenn es schneller gehen soll – im Kühlschrank vollständig fest werden lassen.

Knusprige Keksriegel mit Schokofüllung

Als Kind gab es für mich nichts Herrlicheres als diese knusprigen Kekse mit dem zart schmelzenden Schokoladenherz. Diese selbst gemachte Version ist noch »schokoladiger«, dafür aber weniger süß.

Schwierigkeitsgrad: **einfach** – Zubereitungszeit: **30 Minuten** – Backzeit: **20–30 Minuten** – Ruhezeit: **1 Stunde** in der Tiefkühltruhe und **20 + 15 Minuten** im Kühlschrank – Aufbewahrung: **2 Tage** in einer Blechdose bei Raumtemperatur

---

ZUTATEN FÜR 16 STÜCK

FÜR DIE GANACHE

100 g flüssige vegane Sahne

150 g vegane Schokolade, gehackt

FÜR DEN TEIG

125 g vegane Backmargarine

250 g Mehl Type 550

70 g Puderzucker

40 g gemahlene Mandeln

1 Prise feines Salz

45 ml geschmacksneutraler Pflanzendrink

DIE GANACHE HERSTELLEN

1 Die Sahne in einer Stielkasserolle erhitzen und gleichzeitig die Schokolade über einem Wasserbad oder in der Mikrowelle schmelzen.

2 Sobald die Sahne zum Kochen kommt, den Topf von der Herdplatte nehmen und die geschmolzene Schokolade in vier Portionen sorgfältig einrühren, bis eine glatte Ganache entstanden ist.

3 Die Creme auf einem Stück Backpapier zu einem etwa 16 x 14 cm großen Rechteck verstreichen.

4 Die Ganache mindestens 1 Stunde in die Tiefkühltruhe stellen.

DEN TEIG HERSTELLEN

1 Die Margarine einige Stunden vorher aus dem Kühlschrank nehmen, damit sie weich wird.

2 Das Mehl in einer Schüssel mit dem Puderzucker, den gemahlenen Mandeln und dem Salz mischen.

3 Die Margarine mit den Fingerspitzen in die Mehlmischung einarbeiten, bis ein feinkrümeliger Teig entstanden ist.

4 Den Pflanzendrink hinzufügen und alles rasch (ohne den Teig zu stark durchzuarbeiten) zu einer homogenen Teigkugel verarbeiten.

5 Den Teig zwischen zwei Bögen Backpapier zu einem etwa 32 x 28 cm großen Rechteck ausrollen und 20 Minuten im Kühlschrank ruhen lassen.

Knusprige Keksriegel mit Schokofüllung

DIE RIEGEL FÜLLEN UND BACKEN

1 Den Teig aus dem Kühlschrank nehmen und in 16 Rechtecke à 8 x 7 cm schneiden.

2 Gleichzeitig die Ganache aus der Tiefkühltruhe nehmen und in 16 Rechtecke à 7 x 2 cm schneiden.

3 In die Mitte der Teigstücke jeweils ein Ganacherechteck legen und den Teig so darüber verschließen, dass die Schokolade an beiden Enden sichtbar ist.

4 Die Kekse mit der Naht nach unten auf ein mit einer Silikonmatte oder mit Backpapier ausgelegtes Backblech legen (dabei auf ausreichenden Abstand achten).

5 Den Backofen auf 180 °C (Ober- und Unterhitze) vorheizen und das Blech währenddessen in den Kühlschrank stellen.

6 Die Keksriegel auf der mittleren Schiene 20–30 Minuten hell goldgelb backen.

7 Aus dem Ofen nehmen, kurz auf dem Blech abkühlen lassen und danach auf einem Kuchengitter vollständig auskühlen lassen.

TIPP

Die Schokoladenganache kann auch durch Nuss-Nougat-Creme ersetzt werden.

Spritzgebäck

Ich bin ein absoluter Fan dieser zarten, mürben Plätzchen. Ob ihr sie noch in Schokolade tauchen wollt oder nicht, bleibt ganz euch überlassen, denn sie schmecken auch ohne köstlich. Und bei den Formen könnt ihr einfach eurer Fantasie freien Lauf lassen.

Schwierigkeitsgrad: **einfach** – Zubereitungszeit: **20 Minuten** – Backzeit: **15–25 Minuten** – Aufbewahrung: **1 Woche** in einer Blechdose bei Raumtemperatur

---

ZUTATEN FÜR ETWA 10 STÜCK

FÜR DEN TEIG

250 g vegane Backmargarine

80 g Puderzucker

½ TL Vanillepulver oder 1 TL flüssiges Vanillearoma

240 g Mehl Type 550

60 g Maisstärke

1 kräftige Prise feines Salz

FÜR DEN ÜBERZUG

250 g vegane Schokolade oder Kuvertüre, gehackt

DAS SPRITZGEBÄCK BACKEN

1 Die Margarine einige Stunden vorher aus dem Kühlschrank nehmen, damit sie weich wird.

2 Den Backofen auf 180 °C (Umluft 160 °C) vorheizen.

3 Die Margarine mit dem Puderzucker und der Vanille cremig aufschlagen. In einer zweiten Schüssel das Mehl mit der Stärke und dem Salz mischen, zur Margarinemischung geben und alles rasch mit den Fingerspitzen zu einem homogenen Teig verarbeiten, ohne den Teig zu sehr durchzukneten.

4 Den Teig in einen Spritzbeutel mit großer Sterntülle (ø 14 mm) füllen.

5 Ein Backblech mit einer Silikonmatte oder mit Backpapier auslegen und den Teig zickzackförmig aufspritzen. Dabei auf ausreichenden Abstand achten, weil sich das Gebäck beim Backen etwas ausdehnt. Das Spritzgebäck auf der mittleren Schiene 15–25 Minuten backen, bis es eine leicht goldgelbe Farbe angenommen hat.

6 Das Blech aus dem Ofen nehmen und das Gebäck auf einem Kuchengitter vollständig auskühlen lassen.

DAS SPRITZGEBÄCK FERTIGSTELLEN

1 Sobald das Gebäck ausgekühlt ist, die Schokolade in einer Schüssel über einem Wasserbad oder in der Mikrowelle schmelzen.

2 Das Gebäck mit einer Seite in die Schokolade tauchen, abtropfen lassen und zum Trocknen auf ein mit einer Silikonmatte oder mit Backpapier ausgelegtes Backblech legen.

3 Die Schokolade anschließend bei Zimmertemperatur oder – wenn es schneller gehen soll – im Kühlschrank fest werden lassen.

TIPP

Ihr könnt das Spritzgebäck, bevor die Schokolade fest ist, noch mit gehackten Pistazien oder Haselnüssen, Kokosraspeln, Krokant oder Mandelsplittern bestreuen.

Knusprige Schokosticks

Wer kennt sie nicht, die knusprigen dünnen, zum Teil mit Schokolade überzogenen Keksstangen? Hier könnt ihr lernen, wie man sie ganz schnell und einfach selber macht. Legt am besten gleich damit los!

Schwierigkeitsgrad: **einfach** – Zubereitungszeit: **30 Minuten** – Backzeit: **10–15 Minuten** – Ruhezeit: **20 Minuten** in der Tiefkühltruhe – Aufbewahrung: **4 Tage** in einer Blechdose bei Raumtemperatur

---

ZUTATEN FÜR ETWA 30 STÜCK

FÜR DEN TEIG

25 g vegane Backmargarine

15 g Puderzucker

60 g Mehl Type 550

1 Prise feines Salz

FÜR DEN ÜBERZUG

150 g vegane Schokolade oder Kuvertüre, gehackt

TIPP

Bevor die Schokolade vollkommen durchgehärtet ist, könnt ihr die Sticks noch mit Kokosraspeln, Krokantsplittern oder Zuckerstreuseln bestreuen.

DIE STICKS BACKEN

1 Die Margarine mit dem Puderzucker cremig aufschlagen. Das Mehl und das Salz hinzufügen und alles mit den Fingerspitzen zu einem feinkrümeligen Teig verarbeiten. 25 ml Wasser dazugeben und rasch unterrühren (ohne den Teig zu stark durchzuarbeiten), bis ein homogener Teig entstanden ist.

2 Den Teig in einen Spritzbeutel mit kleiner Lochtülle (ø 4 mm) füllen.

3 Ein Backblech mit einer Silikonmatte oder mit Backpapier auslegen und etwa 14 cm lange Teigstreifen aufspritzen (dabei auf ausreichenden Abstand achten).

4 Den Backofen auf 180 °C (Umluft 160 °C) vorheizen und die Sticks auf der mittleren Schiene 10–15 Minuten goldgelb backen.

5 Die Sticks aus dem Ofen nehmen und – weil sie sehr zerbrechlich sind – auf dem Blech vollständig auskühlen lassen.

DIE STICKS FERTIGSTELLEN

1 Sobald die Sticks vollständig ausgekühlt sind, die Schokolade in einer hohen, schmalen Schüssel über einem Wasserbad oder in der Mikrowelle schmelzen.

2 Die Sticks zu drei Viertel in die Schokolade tauchen, abtropfen lassen und auf ein mit einer Silikonmatte oder einem Stück Backpapier ausgelegtes Backblech legen.

3 Die Schokolade bei Raumtemperatur oder – wenn es schneller gehen soll – im Kühlschrank fest werden lassen.

Schoko-Doppelkekse mit Vanillefüllung

Bei diesem Rezept hat ein gerade sehr angesagtes Gebäck aus Amerika Pate gestanden. Ihr ahnt vermutlich schon, welches.

Schwierigkeitsgrad: **einfach** – Zubereitungszeit: **30 Minuten** – Backzeit: **15 Minuten** – Ruhezeit: **1 Stunde + 15 Minuten** im Kühlschrank – Aufbewahrung: **3 Tage** in einer Blechdose bei Raumtemperatur

---

ZUTATEN FÜR ETWA 20 STÜCK

FÜR DIE SCHOKOLADENKEKSE

145 g Mehl Type 550

35 g ungesüßtes Kakaopulver

65 g Puderzucker

1 Prise feines Salz

100 g vegane Backmargarine (zimmerwarm)

FÜR DIE VANILLECREME

30 ml geschmacksneutrales Kokosöl

30 g vegane Backmargarine

120 g Puderzucker

½ TL Vanillepulver oder flüssiges Vanillearoma

DIE KEKSE HERSTELLEN

1 Das Mehl mit dem Kakaopulver, dem Puderzucker und dem Salz mischen. Die Margarine mit den Fingerspitzen einarbeiten, bis ein feinkrümeliger Teig entstanden ist. 35 ml Wasser hinzufügen und alles rasch zu einer homogenen Teigkugel verrühren. Den Teig zwischen zwei Bögen Backpapier etwa 3 mm dick ausrollen und 1 Stunde im Kühlschrank ruhen lassen.

2 Mit einem runden Ausstecher (ø 4–5 cm) 40 Kreise aus dem Teig ausstechen und auf ein mit einer Silikonbackmatte oder mit Backpapier ausgelegtes Backblech legen.

3 Den Backofen auf 180 °C (Umluft 160 °C) vorheizen. Das Backblech währenddessen in den Kühlschrank stellen.

4 Die Kekse auf der mittleren Schiene etwa 15 Minuten backen und danach auf einem Kuchengitter vollständig auskühlen lassen.

DIE VANILLECREME ZUBEREITEN

1 Das Kokosöl, sollte es fest geworden sein, einige Sekunden in der Mikrowelle erwärmen, bis es wieder flüssig ist.

2 Die Margarine in der Küchenmaschine oder mit dem Handmixer kräftig mit dem Kokosöl verrühren. Anschließend den Puderzucker und die Vanille unterschlagen, bis eine glatte Creme entstanden ist.

DIE KEKSE ZUSAMMENSETZEN

1 Die Creme mit einem Spritzbeutel oder einem kleinen Löffel in der Mitte der Hälfte der Kekse verteilen. Die übrigen Kekse auflegen und leicht andrücken, damit sich die Creme gleichmäßig verteilt.

Knuspriger Keks mit Schokolade

Wenn es ein Gebäck gibt, das mich sofort an meine Kindheit erinnert, dann ist es definitiv dieser berühmte Keks mit dem Schokoladentäfelchen obendrauf!

Schwierigkeitsgrad: **einfach** – Zubereitungszeit: **30 Minuten** – Backzeit: **15 Minuten** – Ruhezeit: **1 Stunde + 15 Minuten** im Kühlschrank – Aufbewahrung: **3 Tage** in einer Blechdose bei Raumtemperatur

---

ZUTATEN FÜR 12 STÜCK

FÜR DIE KEKSE

120 g Mehl Type 550

35 g Puderzucker

20 g gemahlene Mandeln

1 Prise feines Salz

60 g vegane Backmargarine

20 ml geschmacksneutraler Pflanzendrink

FÜR DIE SCHOKOLADENTÄFELCHEN

120 g vegane Schokolade, gehackt

TIPP

Wenn ihr keine Schokoladentäfelchen-Form besitzt, die geschmolzene Schokolade einfach mit einem kleinen Löffel auf den Keksen verstreichen.

DIE KEKSE BACKEN

1 Das Mehl mit dem Puderzucker, den gemahlenen Mandeln und dem Salz mischen. Die Margarine mit den Fingerspitzen einarbeiten, bis ein feinkrümeliger Teig entstanden ist. Den Pflanzendrink hinzufügen und alles rasch zu einer homogenen Teigkugel verrühren. Den Teig anschließend zwischen zwei Bögen Backpapier etwa 4 mm dick ausrollen und 1 Stunde im Kühlschrank ruhen lassen.

2 Mit einem rechteckigen geriffelten Ausstecher (6 x 5 cm) 12 Kekse aus dem Teig ausstechen und auf ein mit einer Silikonbackmatte oder mit Backpapier ausgelegtes Backblech legen. Dabei auf ausreichenden Abstand achten.

3 Den Backofen auf 180 °C (Umluft 160 °C) vorheizen. Das Backblech währenddessen in den Kühlschrank stellen.

4 Die Kekse auf der mittleren Schiene etwa 15 Minuten goldgelb backen und danach auf einem Kuchengitter vollständig auskühlen lassen.

DIE SCHOKOLADENTÄFELCHEN HERSTELLEN

1 Die Schokolade über einem Wasserbad oder in der Mikrowelle schmelzen und in eine Silikon-Schokoladentäfelchen-Form mit 12 Mulden gießen (die restliche Schokolade aufheben).

2 Die Form in den Kühlschrank stellen, bis die Schokolade fest ist. Die Täfelchen dann aus der Form lösen.

DIE KEKSE FERTIGSTELLEN

1 Die Kekse in der Mitte mit etwas Schokolade bepinseln, die Täfelchen daraufsetzen und die Schokolade fest werden lassen.

Miam !
M♥n P'tit Biscuit

Smiley-Kekse

Ob bei Klein oder Groß – ihr werdet garantiert für Begeisterung und gute Laune sorgen, wenn ihr diese Kekse in Gestalt der allgegenwärtigen lachenden Gesichter anbietet.

Schwierigkeitsgrad: **einfach** – Zubereitungszeit: **30 Minuten** – Backzeit: **15 Minuten** – Ruhezeit: **1 Stunde + 15 Minuten** im Kühlschrank – Aufbewahrung: **2 Tage** in einer Blechdose bei Raumtemperatur

---

ZUTATEN FÜR 25 STÜCK

FÜR DEN TEIG

100 g vegane Backmargarine
180 g Mehl Type 550
20 g Maisstärke
55 g Puderzucker
35 g gemahlene Mandeln
1 Prise feines Salz
35 ml geschmacksneutraler Pflanzendrink

FÜR DIE GANACHE

100 g flüssige vegane Sahne
100 g vegane Schokolade, gehackt

DIE KEKSE BACKEN

1 Die Margarine einige Stunden vorher aus dem Kühlschrank nehmen, damit sie weich wird.

2 Das Mehl in einer Schüssel mit der Stärke, dem Puderzucker, den gemahlenen Mandeln und dem Salz mischen. Die Margarine mit den Fingerspitzen einarbeiten, bis ein feinkrümeliger Teig entstanden ist.

3 Den Pflanzendrink hinzufügen und alles rasch (ohne den Teig zu stark durchzuarbeiten) zu einer homogenen Teigkugel verarbeiten.

4 Den Teig zwischen zwei Bögen Backpapier etwa 3 mm dick ausrollen und 1 Stunde im Kühlschrank ruhen lassen.

5 Anschließend mit einem Smiley-Ausstecher (ø 5cm) 25 Smileys und mit einem runden geriffelten Ausstecher mit dem gleichen Durchmesser 25 Kreise ausstechen.

6 Auf ein mit einer Silikonmatte oder mit Backpapier ausgelegtes Backblech legen und dabei auf ausreichenden Abstand achten.

7 Den Backofen auf 180 °C (Umluft 160 °C) vorheizen. Das Backblech währenddessen in den Kühlschrank stellen.

8 Die Kekse auf der mittleren Schiene etwa 15 Minuten goldgelb backen.

9 Anschließend aus dem Ofen nehmen und auf einem Kuchengitter vollständig auskühlen lassen.

Smiley-Kekse

DIE GANACHE HERSTELLEN

1 Die Sahne in einer kleinen Stielkasserolle erhitzen und gleichzeitig die Schokolade über einem Wasserbad oder in der Mikrowelle schmelzen.

2 Sobald die Sahne zum Kochen kommt, den Topf von der Herdplatte nehmen und die Schokolade in vier Portionen einrühren, sodass eine glatte Ganache entsteht.

3 Die Creme eine Weile bei Raumtemperatur ruhen lassen, bis sie etwas eingedickt ist. Dabei regelmäßig umrühren und die Konsistenz prüfen.

DIE KEKSE ZUSAMMENSETZEN

1 Die Ganache mit einem Spritzbeutel oder einem kleinen Löffel in der Mitte der »gesichtslosen« Kekse auftragen. Die Smiley-Kekse auflegen und leicht andrücken, damit sich die Ganache gut verteilt.

2 Die Ganache bei Raumtemperatur oder – wenn es schneller gehen soll – im Kühlschrank fest werden lassen.

TIPP

Ihr habt keine Zeit, um eine Ganache zu machen? Dann ersetzt sie einfach durch eine Nuss-Nougat-Creme, durch Konfitüre oder etwas Ähnliches.

Cookies

Cookies sind für mich ein perfektes Gebäck, das alles in sich vereint, was ich liebe: reichlich Schokosplitter, eine leicht knusprige Kruste und ein weiches Inneres. Einfach unübertrefflich!

Schwierigkeitsgrad: **einfach** – Zubereitungszeit: **15 Minuten** – Backzeit: **13 Minuten** – Aufbewahrung: **am Tag der Zubereitung** genießen

---

ZUTATEN
FÜR 10 GROSSE COOKIES

170 g vegane Backmargarine
100 g brauner Zucker
60 g weißer Zucker
80 g veganer Naturjoghurt
1 EL flüssiges Vanillearoma
260 g Mehl Type 405 oder 550
20 g Maisstärke
½ TL Backpulver
½ TL Backnatron
½ TL feines Salz
200 g + 50 g große vegane Zartbitter-Schokoladensplitter

TIPP
Bis eure Cookies perfekt werden, müsst ihr vielleicht ein wenig mit der Backzeit herumprobieren, denn die hängt von eurem Ofen ab. Ich habe mich bei meiner Zeitangabe (13 Minuten) nach meinem Backofen gerichtet. Bei eurem kann die Backzeit kürzer oder länger sein.

1 Die Margarine einige Stunden vorher aus dem Kühlschrank nehmen, damit sie weich wird.

2 Den Backofen auf 200 °C (Umluft 180 °C) vorheizen.

3 Die Margarine mit den beiden Zuckern cremig aufschlagen. Den Joghurt und das Vanillearoma hinzufügen und alles kräftig verrühren.

4 In einer zweiten Schüssel das Mehl mit der Stärke, dem Backpulver, dem Backnatron, dem Salz und 200 g Schokosplittern mischen und danach zur Margarinemischung geben.

5 Die Zutaten rasch mit den Fingerspitzen zu einem homogenen Teig verarbeiten, ohne den Teig zu sehr durchzuarbeiten.

6 Aus dem Teig 10 große Kugeln (à etwa 85 g) formen und auf ein mit einer Silikonmatte oder mit Backpapier ausgelegtes Backblech legen, ohne sie flach zu drücken. Dabei auf ausreichenden Abstand achten.

7 Die Cookies auf der mittleren Schiene 13 Minuten backen.

8 Wenn ihr sie aus dem Ofen nehmt, wirken die weichen Cookies vielleicht noch nicht fertig gebacken. Aber keine Sorge, sie werden perfekt sein, sobald sie erst einmal abgekühlt sind. Die restlichen Schokosplitter darüber verteilen und leicht in die Cookies hineindrücken.

9 Die Cookies 5 Minuten auf dem Blech abkühlen lassen und danach auf ein Kuchengitter legen.

Kokosmakronen

Schneller und einfacher als die leckeren Kokosmakronen lässt sich kaum ein anderes Gebäck herstellen. Ihr müsst lediglich die Zutaten verrühren, die Teighäufchen aufs Backblech setzen und kurz in den Ofen schieben – und schon könnt ihr die außen knusprigen, leicht karamellisierten und innen wunderbar weichen Makronen genießen.

Schwierigkeitsgrad: **einfach** – Zubereitungszeit: **20 Minuten** – Backzeit: **15 Minuten** – Aufbewahrung: **2 Tage** in einer Blechdose bei Raumtemperatur

---

ZUTATEN FÜR ETWA 10 STÜCK

FÜR DIE MAKRONEN

150 g Kokosraspel

80 g Zucker

15 g Maisstärke

1 kräftige Prise feines Salz

70 g Kokoscreme

ZUM VERZIEREN

80 g vegane Schokolade oder Kuvertüre, gehackt

TIPP

Ich empfehle euch, die Makronen noch am selben Tag zu genießen. Dann schmecken sie am besten – und am allerbesten sind sie lauwarm. Man kann sie aber auch 2 Tage in einer Blechdose aufbewahren.

DIE MAKRONEN BACKEN

1 Den Backofen auf 200 °C (Umluft 180 °C) vorheizen.

2 Die Kokosraspel in einer Schüssel mit dem Zucker, der Stärke und dem Salz mischen. Die Kokoscreme und 30 ml Wasser hinzufügen und alles mit den Fingerspitzen vermengen.

3 Aus dem Teig etwa 10 kleine Pyramiden oder Kugeln (à etwa 34 g) formen (die Hände dabei zwischendurch immer wieder anfeuchten, damit der Teig nicht an den Fingern kleben bleibt) und auf ein mit einer Silikonmatte oder mit Backpapier ausgelegtes Backblech setzen.

4 Die Makronen auf der mittleren Schiene etwa 15 Minuten goldgelb backen.

5 Die Makronen aus dem Ofen nehmen, auf dem Blech abkühlen lassen, bis sie lauwarm sind, und danach auf ein Kuchengitter setzen.

DIE MAKRONEN FERTIGSTELLEN

1 Die Schokolade über einem Wasserbad oder in der Mikrowelle schmelzen.

2 Die Unterseite der Makronen in die Schokolade tauchen, die überschüssige Schokolade abtropfen lassen und die Makronen auf ein mit einer Silikonmatte oder mit Backpapier ausgelegtes Backblech setzen.

3 Die restliche Schokolade in einen kleinen Spritzbeutel füllen und die Makronen damit verzieren.

4 Die Schokolade bei Raumtemperatur oder – wenn es schneller gehen soll – im Kühlschrank fest werden lassen.

3 Süße Nachmittags-snacks

Schokoladenbrötchen

Unvergleichlich viel besser als die handelsüblichen Schokobrötchen sind diese selbst gemachten, bei denen nicht mit Schokolade gespart wird. Und mit einer Tasse heißer Schokolade wird daraus ein absoluter Hochgenuss.

Schwierigkeitsgrad: **mittel** – Zubereitungszeit: **30 Minuten** – Backzeit: **25–30 Minuten** – Ruhezeit: **2 ½–10 Stunden** – Aufbewahrung: **am Tag der Zubereitung** genießen

---

ZUTATEN FÜR 12 STÜCK

FÜR DEN TEIG

260 ml geschmacksneutraler Pflanzendrink

20 g frische Hefe oder 7 g Trockenhefe

400 g Weizenmehl Type 405 oder 550 (idealerweise französisches Farine de Gruau)

50 g Zucker

5 g feines Salz

70 ml geschmacksneutrales Pflanzenöl

100 g + 20 g vegane Zartbitter-Schokoladensplitter

FÜR DEN GLANZ

15 ml geschmacksneutrales Pflanzenöl

15 ml Agavendicksaft

5 ml geschmacksneutraler Pflanzendrink

DEN TEIG HERSTELLEN

1 Den Pflanzendrink erhitzen, bis er lauwarm ist. Die Hefe darin auflösen und das Ganze 10–15 Minuten ruhen lassen.

2 Das Mehl mit dem Zucker und dem Salz mischen. Das Öl hinzufügen und alles grob verrühren.

3 Den Teig von Hand oder bei mittlerer Geschwindigkeit in der Küchenmaschine 5 Minuten kneten und dabei nach und nach die Pflanzendrink-Hefe-Mischung einarbeiten.

4 Den Teig danach weitere 10–15 Minuten kneten, bis er sich von den Wänden der Rührschüssel löst (die Schüsselwände dabei von Zeit zu Zeit mit einem Teigschaber säubern).

5 Den Teig zu einer Kugel formen, leicht mit Mehl bestäuben und die Schüssel mit Frischhaltefolie abdecken.

6 Den Teig 1 ½–3 Stunden gehen lassen, bis er sein Volumen verdoppelt hat. Ich empfehle euch , ihn über Nacht im Kühlschrank gehen zu lassen.

DIE BRÖTCHEN FORMEN

1 Den Teig auf die leicht bemehlte Arbeitsfläche legen und die Luft herausschlagen, sodass er wieder sein ursprüngliches Volumen hat.

2 Den Teig noch einmal mit den Händen durchkneten und dabei 100 g Schokoladensplitter einarbeiten.

3 Den Teig in 12 gleich große Portionen (à etwa 75 g) teilen, diese zu Kugeln formen und auf ein mit einer Silikonmatte oder mit Backpapier ausgelegtes Backblech legen. Dabei auf ausreichenden Abstand achten.

4 Die Brötchen mit einem sauberen Geschirrtuch abdecken und 1 Stunde bei Raumtemperatur gehen lassen.

Schokoladenbrötchen

GLASIEREN UND BACKEN

1 Den Backofen auf 160 °C (Umluft 140 °C) vorheizen.

2 Das Öl in einer Schüssel mit dem Agavendicksaft und dem Pflanzendrink verrühren und die Brötchen mit der Mischung bepinseln.

3 Die restlichen Schokoladensplitter (20 g) darüberstreuen und leicht in den Teig hineindrücken.

4 Die Brötchen auf der mittleren Schiene 25–30 Minuten goldgelb backen und danach auf einem Kuchengitter auskühlen lassen.

TIPP

Damit die Brötchen perfekt gelingen, empfehle ich euch wärmstens, frische Hefe zu nehmen, damit geht der Teig eigentlich immer problemlos auf. Außerdem würde ich euch raten, den Teig, wenn ihr ihn das erste Mal gehen lasst, über Nacht in den Kühlschrank zu stellen. Durch diese lange Gehzeit kann der Teig reifen und sein volles Aroma entfalten. Zudem lässt er sich viel leichter kneten und formen, wenn er kalt ist.

Müsliriegel

Ob am Vormittag oder nachmittags – ein Müsliriegel ist immer ein idealer Energiespender oder einfach ein gesunder Snack, wenn man Lust auf etwas Süßes bekommt. Das Rezept könnt ihr übrigens ganz nach euren persönlichen Vorlieben und Gelüsten auf unterschiedlichste Weise abwandeln.

Schwierigkeitsgrad: **einfach** – Zubereitungszeit: **10 Minuten** – Backzeit: **15–25 Minuten** – Aufbewahrung: **1 Woche** in einer Blechdose bei Raumtemperatur

---

ZUTATEN FÜR 14 STÜCK

200 g Haferflocken

100 g Mehl Type 405

100 g gemischte Nüsse (z. B. Haselnusskerne, Mandeln, Pekannüsse, Cashewkerne etc.), gehackt

100 g vegane Zartbitter-Schokoladensplitter

50 g brauner Zucker

½ TL Zimt

1 Prise feines Salz

120 ml Ahornsirup oder Agavendicksaft

80 ml geschmacksneutrales Pflanzenöl

1 Den Backofen auf 180 °C (Umluft 160 °C) vorheizen.

2 Die Haferflocken in einer Schüssel mit dem Mehl, den Nüssen, den Schokoladensplittern, Zucker, Zimt und Salz mischen.

3 In einer zweiten Schüssel den Sirup kräftig mit dem Öl verrühren und danach sorgfältig mit der Mehlmischung vermengen.

4 Den Teig gleichmäßig auf die Vertiefungen einer Silikon-Müsliriegel-Backform verteilen und die Oberflächen mit dem Rücken eines Löffels glatt streichen.

5 Die Riegel auf der mittleren Schiene 15–25 Minuten backen, bis sie oben leicht gebräunt sind.

6 Etwa 10 Minuten in der Form abkühlen lassen, danach herauslösen und auf einem Kuchengitter vollständig auskühlen lassen.

TIPP

Wer noch ein Tüpfelchen aufs i setzen möchte, kann die erkalteten Riegel mit geschmolzener Schokolade überziehen.

Marmorkuchen

Ein Marmorkuchen durfte eigentlich bei keinem Kindergeburtstag fehlen. Die Mischung eines hellen und eines dunklen Schokoladenteigs sorgten für die charakteristische Marmorierung dieses Klassikers. Der Marmorkuchen, den ich euch hier vorstelle, wird euch mit seiner besonders weichen Textur begeistern.

Schwierigkeitsgrad: **einfach** – Zubereitungszeit: **15 Minuten** – Backzeit: **40–60 Minuten** – Aufbewahrung: **3 Tage** in Frischhaltefolie verpackt bei Raumtemperatur

---

ZUTATEN FÜR 8 PERSONEN

FÜR DEN HELLEN TEIG

150 g Mehl Type 405

90 g Zucker

5 g Backpulver

1 Prise feines Salz

150 ml geschmacksneutraler Pflanzendrink

60 ml geschmacksneutrales Pflanzenöl

1 EL flüssiges Vanillearoma

FÜR DEN DUNKLEN TEIG

135 g Mehl Type 405

15 g ungesüßtes Kakaopulver

90 g Zucker

5 g Backpulver

1 Prise feines Salz

150 ml geschmacksneutraler Pflanzendrink

60 ml geschmacksneutrales Pflanzenöl

DEN HELLEN TEIG HERSTELLEN

1 Den Backofen auf 160 °C (Umluft 140 °C) vorheizen.

2 Eine 20–25 cm lange Kastenform mit Öl einfetten und den Boden mit Backpapier auslegen (der Kuchen löst sich dann leichter aus der Form).

3 Das Mehl in einer Schüssel mit dem Zucker, dem Backpulver und dem Salz mischen. Den Pflanzendrink, das Öl und das Vanillearoma hinzufügen und die Zutaten zu einem homogenen Teig verrühren.

DEN DUNKLEN TEIG HERSTELLEN

1 Das Mehl in einer Schüssel mit dem Kakaopulver, dem Zucker, dem Backpulver und dem Salz mischen. Den Pflanzendrink und das Öl dazugeben und alles zu einem homogenen Teig verrühren.

DIE TEIGE EINFÜLLEN UND BACKEN

1 Ein Drittel des hellen Teigs in die Form füllen. Die Hälfte des dunklen Teigs darauf verteilen. Ein weiteres Drittel des hellen und danach die zweite Hälfte des dunklen Teigs daraufgeben. Zum Schluss den restlichen hellen Teig einfüllen. Damit der Kuchen schön gleichmäßig aufgeht, kann der Teig noch über die gesamte Länge mit einem mit Öl eingefetteten Teigschaber eingeritzt werden.

2 Den Kuchen auf der mittleren Schiene 40–60 Minuten backen. Um die Garprobe zu machen, mit einer Messerspitze hineinstechen. Der Kuchen ist fertig, wenn das Messer sauber bleibt.

3 Den Kuchen kurz in der Form abkühlen lassen, danach auf ein Kuchengitter stürzen und vollständig auskühlen lassen.

TIPP

Der Teig kann auch in mehreren Mini-Kastenformen gebacken werden. Dann müsst ihr allerdings die Backzeit entsprechend anpassen.

Schoko-Vanille-Kuchen

Dieser mit einem Zuckerguss und Schokoladenstreuseln verzierte Schichtkuchen gehörte als Kind zu meinen Lieblingskuchen. Deshalb wollte ich es auch einmal mit einer veganen Version versuchen – und ich muss sagen, die ist mir wirklich gelungen!

Schwierigkeitsgrad: **einfach** – Zubereitungszeit: **40 Minuten** – Backzeit: **20–30 Minuten** – Ruhezeit: **10 Minuten** bei Raumtemperatur + **30 Minuten** im Kühlschrank – Aufbewahrung: **2 Tage** in Frischhaltefolie verpackt bei Raumtemperatur

---

ZUTATEN FÜR 8 PERSONEN

FÜR DIE TEIGE

320 ml geschmacksneutraler Pflanzendrink

1 EL Apfelessig

270 g Mehl Type 405

30 g Maisstärke

180 g Zucker

8 g Backpulver

1 Prise feines Salz

110 ml geschmacksneutrales Pflanzenöl

10 g ungesüßtes Kakaopulver

1 EL flüssiges Vanillearoma

FÜR DIE GANACHE

100 g flüssige vegane Sahne

100 g vegane Schokolade, gehackt

FÜR DEN GUSS

90 g Puderzucker

15 ml geschmacksneutraler Pflanzendrink

vegane Schokoladenstreusel

DIE TEIGE HERSTELLEN

1 Den Backofen auf 160 °C (Umluft 140 °C) vorheizen.

2 Eine quadratische Backform (22 x 22 cm) mit Öl einfetten und den Boden mit Backpapier auslegen (der Kuchen löst sich so leichter aus der Form). Eine rechteckige Backform (etwa 22 x 11 cm) auf die gleiche Weise präparieren.

3 In einer kleinen Schüssel den Pflanzendrink mit dem Essig verrühren und 10 Minuten ruhen lassen.

4 Das Mehl mit der Stärke, dem Zucker, dem Backpulver und dem Salz mischen.

5 Nach der Ruhezeit das Öl zur Pflanzendrink-Essig-Mischung geben und das Ganze kräftig mit dem Schneebesen verrühren.

6 Die Mischung über die Mehlmischung gießen und alles rasch (ohne den Teig zu sehr durchzuarbeiten) zu einem homogenen Teig verrühren.

7 Ein Drittel des Teigs (etwa 310 g) in eine zweite Schüssel füllen und das Kakaopulver unterrühren. Den restlichen Teig mit dem Vanillearoma verrühren. Den Schokoladenteig anschließend in die rechteckige und den Vanilleteig in die quadratische Form füllen.

8 Beide Teige auf der mittleren Schiene 20–30 Minuten backen. Dabei regelmäßig durch Einstechen mit einer Messerspitze prüfen, ob das Gebäck bereits durchgebacken ist (das Messer bleibt dann sauber).

9 Die Kuchen anschließend aus dem Ofen nehmen und kurz in den Formen abkühlen lassen. Danach auf ein Kuchengitter stürzen und vollständig auskühlen lassen.

Schoko-Vanille-Kuchen

10 Sobald die Kuchen ausgekühlt sind, die Oberflächen mit einem großen Brotmesser begradigen. Den Vanillekuchen der Länge nach halbieren, sodass zwei gleich große Rechtecke entstehen.

DIE GANACHE HERSTELLEN

1 Die Sahne in einer kleinen Stielkasserolle erhitzen und gleichzeitig die Schokolade über einem Wasserbad oder in der Mikrowelle schmelzen.

2 Sobald die Sahne zum Kochen kommt, den Topf von der Herdplatte nehmen und die geschmolzene Schokolade in vier Portionen einrühren, sodass eine glatte Creme entsteht.

3 Die Ganache eine Weile bei Raumtemperatur eindicken lassen (sie sollte die Konsistenz einer Nuss-Nougat-Creme haben) und dabei regelmäßig umrühren.

DEN KUCHEN ZUSAMMENSETZEN

1 Die Hälfte der Ganache auf einem Vanillekuchenrechteck verstreichen. Den Schokoladenkuchen auflegen und leicht andrücken, damit sich die Ganache gleichmäßig verteilt. Den zweiten Vanillekuchen mit der restlichen Ganache bestreichen, das Rechteck mit der bestrichenen Seite nach unten auf den Schokoladenkuchen legen und ebenfalls leicht andrücken.

2 Den Kuchen 30 Minuten im Kühlschrank ruhen lassen. Danach die Seiten mit einem großen Brotmesser begradigen.

DEN GUSS HERSTELLEN

1 Den Puderzucker in einer kleinen Schüssel mit dem Pflanzendrink zu einer dicken, streichfähigen Paste verrühren.

2 Den Guss mit einer Palette gleichmäßig auf dem Kuchen verstreichen und mit den Schokoladenstreuseln bestreuen.

3 Den Kuchen in den Kühlschrank stellen, bis der Guss fest ist.

TIPP

Die Schokoladenstreusel durch bunte Zuckerstreusel ersetzen. Das sieht noch lustiger aus.

Crêpes

Ohne Eier kann man keine guten Crêpes machen? Dieses Rezept wird euch das Gegenteil beweisen. Denn diese Crêpes sind nicht nur kaum von den traditionellen zu unterscheiden, sondern sind außerdem auch preiswerter, gesünder und weniger mächtig.

Schwierigkeitsgrad: **einfach** – Zubereitungszeit: **5 Minuten** – Backzeit: **20 Minuten** – Aufbewahrung: **sofort** genießen

---

ZUTATEN FÜR ETWA 10 STÜCK

250 g Mehl Type 405

80 g Maisstärke

30 g Zucker

1 Prise feines Salz

750 ml geschmacksneutraler Pflanzendrink

30 ml geschmacksneutrales Pflanzenöl + etwas mehr zum Backen

Aroma nach Geschmack , z. B. Vanille, Orangenblütenwasser, Orangen- oder Zitronenschale, Rum etc.

DEN TEIG HERSTELLEN

1 Das Mehl in einer Schüssel mit der Stärke, dem Zucker und dem Salz mischen und mit der Hälfte des Pflanzendrinks zu einem homogenen, klümpchenfreien Teig verrühren. Nach und nach den restlichen Pflanzendrink (375 ml) einrühren und dabei kräftig mit dem Schneebesen schlagen. Zum Schluss das Öl und ein Aroma eurer Wahl einrühren.

2 Den Teig, falls nötig, mit dem Stabmixer verrühren oder durch ein feines Sieb passieren, um eventuelle Klümpchen zu entfernen.

DIE CRÊPES BACKEN

1 Eine beschichtete Pfanne bei mittlerer bis starker Hitze heiß werden lassen und mit ein wenig Öl einfetten.

2 Sobald die Pfanne gut heiß ist (das ist wichtig, damit die Crêpes knusprig werden), 1 Schöpflöffel Teig hineingießen und die Pfanne schwenken, damit er sich gleichmäßig über den Boden verteilt.

3 Den Crêpe backen, bis er sich am Rand leicht vom Pfannenboden abhebt, und die Unterseite etwas gebräunt ist. Mit einem Pfannenwender wenden und kurz auf der anderen Seite backen.

4 Den Vorgang so oft wiederholen, bis der Teig aufgebraucht ist. Dabei darauf achten, dass die Pfanne immer heiß ist, und den Boden regelmäßig mit etwas Öl einfetten.

5 Die fertigen Crêpes auf einem Teller stapeln und mit einem zweiten Teller zudecken, damit sie heiß und weich bleiben.

TIPPS

Noch luftiger werden die Crêpes, wenn man einen kleinen Teil des Pflanzendrinks durch kohlensäurehaltiges Mineralwasser ersetzt.

Dazu passen Schokoladensauce, gehackte Nüsse, Krokant oder frische Früchte.

Waffeln

Ihr habt plötzlich Lust auf Waffeln? Dann ist dieses Rezept genau das richtige. Der Teig muss nicht ruhen, und im Handumdrehen könnt ihr knusprige Waffeln mit einem wunderbar weichen Inneren genießen.

Schwierigkeitsgrad: **einfach** – Zubereitungszeit: **5 Minuten** – Backzeit: **10 Minuten** – Aufbewahrung: **sofort** genießen

---

ZUTATEN FÜR 6 STÜCK

180 g Mehl Type 550

20 g Maisstärke

50 g Zucker

4 g Backpulver

1 Prise feines Salz

250 ml Sojadrink

75 ml geschmacksneutrales Pflanzenöl + etwas mehr zum Backen

Aroma nach Geschmack, z. B. Vanille, Orangenblütenwasser, Orangen- oder Zitronenschale, Rum etc.

1 Den Teig wie den Crêpeteig auf Seite 87 herstellen.

2 Das Waffeleisen erhitzen und die Platten beider Seiten mit Öl einpinseln.

3 Sobald das Eisen gut heiß ist (das ist wichtig, damit die Waffeln schön knusprig werden), auf jede Platte der unteren Seite des Eisens 1 kleinen Schöpflöffel Teig gießen.

4 Das Eisen zuklappen und die Waffeln je nach Gerät 2–5 Minuten backen.

5 Die Waffeln, sobald sie eine schöne goldgelbe Farbe angenommen haben, vorsichtig mit einer Zange herausnehmen und auf ein Kuchengitter legen.

6 Den Vorgang so oft wiederholen, bis der Teig aufgebraucht ist. Die Platten zwischendurch immer wieder einfetten. Die fertigen Waffeln inzwischen warm halten. Die Waffeln lauwarm mit Puderzucker bestäubt, mit Nuss-Nougat-Creme, Konfitüre, Ahornsirup oder frischen Früchten genießen.

TIPP

Waffeln werden nach dem Backen sehr schnell weich. Deshalb solltet ihr sie unbedingt sofort genießen.

Gefüllte Krapfen

Einem leckeren weichen, mit Nuss-Nougat-Creme, Konfitüre oder Kompott gefüllten Krapfen kann eigentlich niemand widerstehen. Ich jedenfalls nicht! Ein bisschen Planung ist allerdings erforderlich, denn die Zubereitung erfordert eine gewisse Zeit, weil der Teig gehen muss. Fangt deshalb am besten schon am Vortag an. Ich verspreche euch, die Mühe lohnt sich.

Schwierigkeitsgrad: **mittel** – Zubereitungszeit: **30 Minuten** – Backzeit: **30 Minuten** – Ruhezeit: **2 ½–10 Stunden** – Aufbewahrung: **am Tag der Zubereitung** genießen

---

ZUTATEN FÜR 15–20 STÜCK

250 ml geschmacksneutraler Pflanzendrink

100 g flüssige vegane Sahne

20 g frische Hefe oder 8 g Trockenhefe

500 g Weizenmehl Type 405 oder 550 (idealerweise französisches Farine de Gruau)

70 g vegane Backmargarine, zerlassen

50 g Zucker

1 TL feines Salz

Öl zum Ausbacken (am besten Traubenkernöl, es ist geschmacksneutral und hält hohen Temperaturen stand)

Streu- oder Puderzucker zum Bestreuen

Nuss-Nougat-Creme, Konfitüre, Kompott oder Ähnliches zum Füllen

DEN TEIG HERSTELLEN

1 Den Pflanzendrink mit der Sahne erwärmen, bis die Mischung lauwarm ist. Anschließend in die Küchenmaschine oder eine Schüssel füllen, die Hefe darin auflösen und das Ganze 10–15 Minuten ruhen lassen.

2 Das Mehl, die warme, aber nicht heiße Margarine, den Zucker und das Salz hinzufügen.

3 Den Teig 10–15 Minuten von Hand oder bei geringer Geschwindigkeit in der Küchenmaschine kneten (die Wände der Rührschüssel dabei von Zeit zu Zeit mit einem Teigschaber säubern), bis er sich von den Wänden der Schüssel löst bzw. nicht mehr an den Fingern klebt.

4 Den Teig zu einer Kugel formen, in eine saubere Schüssel legen, leicht mit Mehl bestäuben und die Schüssel mit Frischhaltefolie abdecken.

5 Den Teig 1 ½–3 Stunden bei Raumtemperatur gehen lassen, bis er sein Volumen verdoppelt hat. Noch besser ist es, wenn ihr ihn über Nacht im Kühlschrank gehen lasst. Dann lässt er sich leichter weiterverarbeiten.

DIE KRAPFEN FORMEN

1 Den Teig auf die leicht bemehlte Arbeitsfläche legen und die Luft herausschlagen, sodass er wieder sein ursprüngliches Volumen hat. Danach etwa 1,5 cm dick ausrollen.

2 Kleine Quadrate aus Backpapier zurechtschneiden. Mit einem runden Ausstecher (ø 8–9 cm) Kreise aus dem Teig ausstechen und diese auf die vorbereiteten Backpapierquadrate legen (mithilfe der Quadrate könnt ihr den Teig problemlos in das heiße Fett gleiten lassen, ohne dass sich die Teigscheiben verformen).

Gefüllte Krapfen

3 Die Teigscheiben abdecken und nochmals 1 Stunde bei Raumtemperatur gehen lassen.

DIE KRAPFEN BACKEN UND FÜLLEN

1 Am Ende der Gehzeit das Frittieröl auf maximal 160–170 °C erhitzen.

2 Die Teigscheiben (jeweils 2–3 Stück auf einmal) mithilfe der Papierquadrate in das heiße Öl gleiten lassen. Das Papier sofort mit einer Zange herausnehmen und die Krapfen auf jeder Seite 1–2 Minuten goldbraun ausbacken.

3 Mit einem Schaumlöffel herausheben und auf Küchenpapier abtropfen lassen. Die Krapfen vollständig auskühlen lassen und danach im Zucker wälzen.

4 Die Füllung eurer Wahl in einen Spritzbeutel mit glatter Tülle füllen.

5 Die Krapfen seitlich mit der Tülle einstechen und die Füllung hineinspritzen.

TIPP

Der Teig kann nach Belieben noch mit einem Aroma eurer Wahl – z.B. Vanillemark, Zimt, Orangenblütenwasser, Rum, Orangen- oder Zitronenschale – parfümiert werden.

Churros

Mit diesem knusprigen, mit Zucker bestreuten Spritzgebäck, das man an den spanischen Stränden in kleinen Tüten kaufen kann, sind für mich viele schöne Ferienerinnerungen verbunden.

Schwierigkeitsgrad: **einfach** – Zubereitungszeit: **10 Minuten** – Backzeit: **20 Minuten** – Aufbewahrung: **am Tag der Zubereitung** genießen

---

ZUTATEN FÜR 10–15 STÜCK

250 g Mehl Type 405

½ TL feines Salz

1 EL Orangenblüten- oder Vanillearoma oder Orangenschale zum Aromatisieren

Öl zum Ausbacken (am besten Traubenkernöl, es ist geschmacksneutral und hält hohen Temperaturen stand)

Zucker zum Wälzen

DEN TEIG HERSTELLEN

1 Das Mehl und das Salz in einer Schüssel mischen und in der Mitte eine Mulde hineindrücken.

2 In einer Stielkasserolle 300 ml Wasser bei starker Hitze zum Kochen bringen. Sobald es zum Kochen kommt, den Topf von der Herdplatte nehmen und das Aroma eurer Wahl einrühren.

3 Das kochend heiße Wasser in die Mehlmulde gießen und die Zutaten mit einem Holzkochlöffel kräftig zu einem dicken Teig verrühren.

4 Den Teig in einen Spritzbeutel mit großer Sterntülle (ø etwa 14 mm) füllen.

DIE CHURROS AUSBACKEN

1 Das Frittieröl auf maximal 180 °C erhitzen.

2 Sobald das Öl heiß ist, vorsichtig (das Fett spritzt!) 10–15 cm lange Teigstränge in den Topf spritzen (die Stränge mit einer Schere abschneiden).

3 Die Churros einige Minuten unter ständigem Wenden ausbacken.

4 Mit einer Zange oder einem Schaumlöffel aus dem Öl heben und auf Küchenpapier abtropfen lassen.

5 Die Churros zum Schluss in Zucker wälzen.

TIPP

Wollt ihr euch ganz besonders verwöhnen, könnt ihr die Churros noch in geschmolzene Schokolade oder Nuss-Nougat-Creme tauchen.

Arme Ritter mit salziger Karamellsauce

Ihr habt Lust auf einen etwas gehaltvolleren Nachmittagsimbiss? Dann kann ich euch die knusprigen, mit einer salzigen Karamellsauce überzogenen Armen Ritter nur wärmstens empfehlen. Da werden alle Leckermäuler schwach.

Schwierigkeitsgrad: **mittel** – Zubereitungszeit: **20 Minuten** – Back- und Kochzeit: **20 Minuten** – Ruhezeit: **1 Stunde** im Kühlschrank – Aufbewahrung: **sofort** genießen

---

ZUTATEN FÜR 4–6 STÜCK

FÜR DIE ARMEN RITTER

5 g Maisstärke

40 g brauner Zucker

250 ml Pflanzendrink mit Vanillearoma

etwa 25 g vegane Margarine zum Backen

4–6 Scheiben altbackenes Brot oder Brioche

FÜR DIE KARAMELLSAUCE

100 g Zucker

85 g flüssige Sojasahne

65 ml Sojadrink

50 g vegane Margarine

2 Prisen Fleur de Sel

DEN AUSBACKTEIG HERSTELLEN

1 In einer Stielkasserolle die Stärke mit dem Zucker mischen. Etwas Vanilledrink hinzufügen und das Ganze mit dem Schneebesen glatt rühren. Unter ständigem Rühren nach und nach den restlichen Vanilledrink angießen, die Mischung bei mittlerer bis starker Hitze zum Kochen bringen und 1–2 Minuten unter Rühren kochen lassen.

2 Den Teig in einen tiefen Teller gießen, mit Frischhaltefolie abdecken und im Kühlschrank vollständig erkalten lassen.

DIE KARAMELLSAUCE ZUBEREITEN

1 Den Zucker bei mittlerer Hitze in einer Stielkasserolle erhitzen, bis er geschmolzen ist (dabei nicht umrühren!). Sobald er zu karamellisieren beginnt, vorsichtig umrühren, bis der Karamell glatt ist.

2 Gleichzeitig die Sojasahne und den Sojadrink in einer zweiten kleinen Stielkasserolle erhitzen.

3 Sobald der Karamell die richtige Farbe hat, den Topf von der Herdplatte nehmen und die heiße Sahne langsam und vorsichtig (der Karamell spritzt!) auf den Karamell gießen. Dabei ständig mit dem Schneebesen rühren. Zum Schluss die Margarine und das Fleur de Sel einrühren.

4 Die Sauce anschließend unter Rühren 1–2 Minuten bei schwacher Hitze erwärmen. Danach durch ein feines Sieb passieren und mit den Stabmixer durchrühren. Der Karamell ist jetzt sehr dünnflüssig, wird aber beim Abkühlen dickflüssiger.

DIE ARMEN RITTER BACKEN

1 Die Margarine bei mittlerer bis starker Hitze in einer Pfanne erhitzen.

2 Die Brotscheiben durch den Ausbackteig ziehen und auf jeder Seite einige Minuten im heißen Fett backen. Anschließend auf einem Teller anrichten, mit der Karamellsauce beträufeln und mit frischen Früchten der Saison servieren.

Joghurtkuchen

Ein Klassiker, der mich durch meine Kindheit begleitet hat, ist dieser Joghurtkuchen, den ich euch hier in einer veganen Version vorstelle. Das Rezept ist supereinfach und das Ergebnis ist genauso fein wie die Originalversion mit Eiern und Kuhmilch.

Schwierigkeitsgrad: **einfach** – Zubereitungszeit: **5 Minuten** – Backzeit: **30–45 Minuten** – Aufbewahrung: **3 Tage** in Frischhaltefolie verpackt bei Raumtemperatur

---

ZUTATEN FÜR 6-8 PERSONEN

300 g Soja-Naturjoghurt
240 g Mehl Type 405
150 g Zucker
60 ml Erdnussöl
9 g Backpulver
1 Prise feines Salz
1 EL flüssiges Vanillearoma
brauner Zucker zum Bestreuen

1 Den Backofen auf 180 °C (Umluft 160 °C) vorheizen.

2 Eine runde Backform (ø 20 cm) mit Öl einfetten und den Boden mit Backpapier auslegen (so löst sich der Kuchen später leichter aus der Form).

3 Den Joghurt in eine Schüssel geben.

4 Die übrigen Zutaten hinzufügen und alles zu einem homogenen Teig verrühren.

5 Den Teig in die Form füllen und die Oberfläche mit braunem Zucker bestreuen. So bildet sich beim Backen eine knusprige goldbraune Kruste.

6 Den Kuchen auf der mittleren Schiene 30–45 Minuten backen. Während des Backens von Zeit zu Zeit mit der Spitze eines Messers prüfen, ob er bereits durchgebacken ist. Bleibt das Messer sauber, ist der Kuchen fertig.

7 Den Kuchen aus dem Ofen nehmen, kurz in der Form abkühlen lassen und danach aus der Form stürzen.

8 Den Kuchen vor dem Servieren auf einem Kuchengitter vollständig auskühlen lassen.

TIPP
Der Joghurtkuchen kann nach Belieben noch mit Schokoladensplittern, Zimt, Zitrusschale, Orangenblütenwasser, klein geschnittenen Früchten und anderem mehr verfeinert werden.

Bretonischer Sandkuchen

Generationen französischer Kinder hat dieser Klassiker den Nachmittag versüßt. Das Rezept ist absolut einfach und kommt hier natürlich ohne Produkte tierischen Ursprungs aus. Der Kuchen schmeckt aber genauso köstlich wie das Original.

Schwierigkeitsgrad: **einfach** – Zubereitungszeit: **10 Minuten** – Backzeit: **45–60 Minuten** – Aufbewahrung: **3 Tage** in Frischhaltefolie verpackt bei Raumtemperatur

---

ZUTATEN FÜR 8 PERSONEN

200 g Mehl Type 405
200 g Zucker
30 g Maisstärke
5 g Backpulver
½ TL feines Salz
200 g vegane Backmargarine
170 ml Sojadrink

1 Den Backofen auf 160 °C (Umluft 140 °C) vorheizen.

2 Eine 20 cm lange Kastenform mit Öl einfetten und den Boden mit Backpapier auslegen (so löst sich der Kuchen später leichter aus der Form).

3 Das Mehl in einer Schüssel mit dem Zucker, der Stärke, dem Backpulver und dem Salz mischen.

4 Die Margarine zerlassen, mit dem Sojadrink zur Mehlmischung geben und alles zu einem homogenen Teig verrühren.

5 Den Teig in die Form füllen und auf der mittleren Schiene 45–60 Minuten backen. Während des Backens von Zeit zu Zeit mit der Spitze eines Messers prüfen, ob er bereits durchgebacken ist. Bleibt das Messer sauber, ist der Kuchen fertig.

6 Den Kuchen aus dem Ofen nehmen, kurz in der Form abkühlen lassen und danach aus der Form stürzen.

7 Den Kuchen vor dem Servieren auf einem Kuchengitter vollständig auskühlen lassen.

TIPP
Den Kuchen nach Belieben noch mit Vanille, Rum oder Zitrusschale aromatisieren.

Schokoladenkuchen

Für Schokoladenfans ein absolutes Muss ist dieser herrliche Schokoladenkuchen, bei dessen Anblick mir heute noch jedes Mal das Wasser im Mund zusammenläuft. Und mit diesem Rezept ist er ganz leicht nachzubacken.

Schwierigkeitsgrad: **einfach** – Zubereitungszeit: **10 Minuten** – Ruhezeit: **10 Minuten** bei Raumtemperatur – Backzeit: **30–60 Minuten** – Aufbewahrung: **3 Tage** in Frischhaltefolie verpackt bei Raumtemperatur

---

ZUTATEN FÜR 8 PERSONEN

FÜR DEN SCHOKOLADENKUCHEN

350 ml geschmacksneutraler Pflanzendrink

1 EL Apfelessig

270 g Mehl Type 405

30 g ungesüßtes Kakaopulver

170 g Zucker

8 g Backpulver

½ TL Backnatron

½ TL feines Salz

70 ml geschmacksneutrales Pflanzenöl

100 g vegane Schokolade, gehackt

ZUM ÜBERZIEHEN UND VERZIEREN

100 g vegane Schokolade, gehackt

gehackter Krokant

TIPP

Damit der Kuchen gut aufgeht und schön weich wird, sollte die Form nicht mehr als 22 cm Durchmesser haben.

1 Den Backofen auf 180 °C (Umluft 160 °C) vorheizen.

2 Eine runde Backform (ø 20–22 cm) mit Öl einfetten und den Boden mit Backpapier auslegen. Wenn ihr eine Guglhupfform oder eine Form mit geriffeltem Boden nehmt, diese lediglich einfetten.

3 Den Pflanzendrink in einer Schüssel mit dem Essig verrühren und 10 Minuten ruhen lassen.

4 In einer zweiten Schüssel das Mehl mit dem Kakaopulver, Zucker, Backpulver, Backnatron und Salz mischen.

5 Nach Ablauf der Ruhezeit das Öl mit dem Schneebesen kräftig mit der Pflanzendrinkmischung verrühren.

6 Zur Mehlmischung geben und alles sorgfältig zu einem homogenen Teig verrühren.

7 Die Schokolade über einem Wasserbad oder in der Mikrowelle schmelzen und gut mit dem Teig verrühren. Den Teig in die Form füllen und auf der mittleren Schiene 30–60 Minuten backen (die Backzeit ist abhängig vom Backofen und der verwendeten Form). Deshalb während des Backens regelmäßig durch Einstechen mit einer Messerspitze prüfen, ob der Kuchen bereits durchgebacken ist. Bleibt das Messer sauber, ist der Kuchen fertig.

8 Den Kuchen aus dem Ofen nehmen und kurz abkühlen lassen. Danach aus der Form lösen und auf einem Kuchengitter vollständig auskühlen lassen.

DEN KUCHEN FERTIGSTELLEN

1 Sobald der Kuchen ausgekühlt ist, die Schokolade schmelzen, den Kuchen damit überziehen und mit Krokant bestreuen.

2 Ihr könnt den Kuchen dann sofort genießen oder ihr wartet, bis der Schokoladenüberzug fest geworden ist.

Bananenbrot

Dieser saftige, aromatische amerikanische Bananenkuchen mit Schokoladensplittern gehört zu meinen Klassikern. Ein schnelles Rezept, das garantiert immer gelingt und sich hervorragend eignet, um überreife Bananen zu verwerten.

Schwierigkeitsgrad: **einfach** – Zubereitungszeit: **10 Minuten** – Backzeit: **40–60 Minuten** – Aufbewahrung: **3 Tage** in Frischhaltefolie verpackt bei Raumtemperatur

---

ZUTATEN FÜR 6 PERSONEN

2 sehr reife mittelgroße Bananen + 1 Banane zum Belegen

200 g Mehl Type 405

100 g gemahlene Mandeln

80 g brauner Zucker

6 g Backpulver

1 Prise feines Salz

90 g + 10 g vegane Zartbitter-Schokoladensplitter

160 ml geschmacksneutraler Pflanzendrink

1 Den Backofen auf 160 °C (Umluft 140 °C) vorheizen.

2 Eine 20 cm lange Kastenform mit Öl einfetten und den Boden mit Backpapier auslegen (so löst sich der Kuchen später leichter aus der Form).

3 Die beiden Bananen in einer kleinen Schüssel mit einer Gabel zerdrücken.

4 Das Mehl in einer Schüssel mit den gemahlenen Mandeln, dem Zucker, dem Backpulver, dem Salz und 90 g Schokoladensplittern mischen.

5 Das Bananenmus und den Pflanzendrink hinzufügen und alles rasch verrühren (ohne den Teig zu sehr durchzuarbeiten).

6 Den Teig in die Form füllen. Die dritte Banane der Länge nach halbieren und auf den Teig legen. Das Ganze zum Schluss mit den restlichen Schokoladensplittern (10 g) bestreuen.

7 Den Kuchen auf der mittleren Schiene 40–60 Minuten backen. Während des Backens regelmäßig durch Einstechen mit einer Messerspitze prüfen, ob der Kuchen bereits durchgebacken ist. Bleibt das Messer sauber, ist der Kuchen fertig.

8 Den Kuchen aus dem Ofen nehmen, kurz abkühlen lassen und danach aus der Form stürzen.

9 Den Kuchen vor dem Servieren auf einem Kuchengitter vollständig auskühlen lassen.

TIPP

Damit das Bananenbrot schön aromatisch wird und einen intensiven Bananengeschmack bekommt, sollten die Bananen so reif sein, dass die Schale fast schwarz ist.

Saftiger Apfelkuchen

Ein Kuchen, der nur so auf der Zunge zergeht und in meiner Kindheit ein echter Seelentröster war. Brauner Zucker sorgt für eine knusprige Kruste und ein feines Karamellaroma, Apfelkompott und Apfelstückchen machen den Teig wunderbar weich und saftig. Ein wahrer Hochgenuss!

Schwierigkeitsgrad: **einfach** – Zubereitungszeit: **10 Minuten** – Backzeit: **40–60 Minuten** – Aufbewahrung: **3 Tage** in Frischhaltefolie verpackt bei Raumtemperatur

---

ZUTATEN FÜR 8 PERSONEN

2 Äpfel

300 g Mehl Type 405

120 g Zucker

10 g Backpulver

1 Prise feines Salz

200 g Apfelkompott

170 ml Pflanzendrink mit Vanillearoma

100 ml geschmacksneutrales Pflanzenöl

brauner Zucker zum Bestreuen

1 Den Backofen auf 180 °C (Umluft 160 °C) vorheizen.

2 Eine runde Backform (ø 22 cm) mit Öl einfetten und den Boden mit Backpapier auslegen (so löst sich der Kuchen später leichter aus der Form).

3 Die Äpfel schälen und in Stücke schneiden.

4 Das Mehl in einer Schüssel mit dem Zucker, dem Backpulver und dem Salz mischen. Das Kompott, den Vanilledrink und das Öl dazugeben und alles zu einem homogenen Teig verrühren. Zum Schluss die Apfelstücke unterheben.

5 Den Teig in die Form füllen und mit braunem Zucker bestreuen (er sorgt dafür, dass sich beim Backen eine knusprige Kruste bildet).

6 Den Kuchen auf der mittleren Schiene 40–60 Minuten backen. Während des Backens regelmäßig durch Einstechen mit einer Messerspitze prüfen, ob der Kuchen bereits durchgebacken ist. Bleibt das Messer sauber, ist er fertig.

7 Den Kuchen aus dem Ofen nehmen, kurz abkühlen lassen und danach aus der Form lösen.

8 Den Kuchen vor dem Servieren auf einem Kuchengitter vollständig auskühlen lassen.

TIPP

Für Kuchen eignen sich am besten Apfelsorten wie Golden Delicious, Goldparmäne, Ariane oder Pink Lady, die beim Backen nicht zerfallen.

Muffins mit Schokosplittern

Ob geschmacklich oder durch ihre angenehm weiche Textur – diese Muffins werden euch in jeder Hinsicht überzeugen. Ein weiteres Plus: Sie sind so schnell und einfach zu machen, dass ihr nicht erst stundenlang in der Küche stehen müsst, um in ihren Genuss zu kommen.

Schwierigkeitsgrad: **einfach** – Zubereitungszeit: **10 Minuten** – Backzeit: **20–30 Minuten** – Aufbewahrung: **2 Tage** in einer luftdicht verschlossenen Dose bei Raumtemperatur

---

ZUTATEN FÜR ETWA 10 STÜCK

240 g Mehl Type 405

140 g Zucker

8 g Backpulver

½ TL feines Salz

100 g + 20 g vegane Zartbitter-Schokoladensplitter

300 g Soja-Naturjoghurt

50 ml Sojadrink

80 ml geschmacksneutrales Pflanzenöl

1 EL flüssiges Vanillearoma

1 Den Backofen auf 220 °C (Umluft 200 °C) vorheizen.

2 Das Mehl in einer Schüssel mit dem Zucker, dem Backpulver, dem Salz und 100 g Schokoladensplittern mischen. Den Joghurt, den Sojadrink, das Öl und das Vanillearoma dazugeben und alles rasch (ohne den Teig zu stark durchzuarbeiten) zu einem homogenen Teig verrühren.

3 Die Vertiefungen einer Muffinform mit Papierförmchen auskleiden und diese zu drei Viertel mit Teig füllen.

4 Die Muffins mit den restlichen Schokoladensplittern (20 g) bestreuen.

5 Die Muffins auf der mittleren Schiene 5 Minuten backen. Die Temperatur danach auf 180 °C (Umluft 160 °C) verringern und die Muffins weitere 15–25 Minuten goldgelb backen.

6 Anschließend aus dem Ofen nehmen, kurz in der Form abkühlen lassen und danach auf einem Kuchengitter vollständig auskühlen lassen.

TIPP

Das Rezept könnt ihr nach Belieben abwandeln, etwa indem ihr die Schokoladensplitter durch Fruchtstückchen ersetzt.

Madeleines

Die vegane Version dieses Klassikers hat mir viel Ausdauer abverlangt, denn ich musste das Rezept wieder und wieder überarbeiten, bis meine Madeleines so schön rund und weich waren wie das Original und bis sie das gleiche feine Vanillearoma hatten.

Schwierigkeitsgrad: **einfach** – Zubereitungszeit: **10 Minuten** – Backzeit: **8–14 Minuten** – Ruhezeit: **2–9 Stunden** im Kühlschrank – Aufbewahrung: **3 Tage** in einer luftdicht verschlossenen Dose bei Raumtemperatur

---

ZUTATEN FÜR 15–20 STÜCK

FÜR DIE MADELEINES

150 g Mehl Type 405

100 g Zucker

4 g Backpulver

1 kräftige Prise feines Salz

110 ml geschmacksneutraler Pflanzendrink

70 ml Erdnussöl

1 TL Vanillepulver

einige Tropfen Bittermandelaroma (nach Belieben)

ZUM ÜBERZIEHEN

150 g vegane Schokolade oder Kuvertüre eurer Wahl

TIPP

Es ist sehr wichtig, den Teig mindestens 2 Stunden im Kühlschrank ruhen zu lassen. Denn nur durch den Temperaturschock können die Madeleines ihre charakteristische Jakobsmuschelform ausbilden.

DIE MADELEINES BACKEN

1 Das Mehl mit dem Zucker, dem Backpulver und dem Salz mischen. Den Pflanzendrink, das Öl, die Vanille und das Bittermandelaroma hinzufügen und alles zu einem homogenen Teig verrühren.

2 Den Teig mit Frischhaltefolie abdecken oder in einen Spritzbeutel füllen und mindestens 2 Stunden – am besten über Nacht – im Kühlschrank ruhen lassen.

3 Nach Ablauf der Ruhezeit den Backofen auf 230 °C (Ober- und Unterhitze) vorheizen.

4 Unmittelbar vor dem Backen den Teig auf die Vertiefungen einer Madeleineform verteilen. Die Mulden nur zu drei Viertel füllen. Wenn ihr eine Metallform verwendet, die Mulden vorher mit Öl einfetten. Ich würde euch allerdings eine Silikonform empfehlen.

5 Die Madeleines auf der mittleren Schiene 4 Minuten backen. Die Temperatur auf 200 °C reduzieren und die Madeleines weitere 4–10 Minuten goldgelb backen.

6 Anschließend aus dem Ofen nehmen und 5–10 Minuten in der Form abkühlen lassen. Danach aus der Form lösen und auf einem Kuchengitter vollständig auskühlen lassen.

DIE MADELEINES FERTIGSTELLEN

1 Die Schokolade schmelzen und die Vertiefungen der Madeleineform damit einpinseln. Die erkalteten Madeleines wieder in die Mulden legen und sehr vorsichtig andrücken (zuverlässig funktioniert dies aber nur mit einer Silikonform).

2 Die Form 20 Minuten in die Tiefkühltruhe stellen und die Madeleines danach aus der Form stürzen.

Financiers

Schnell und einfach zu backen, innen schön weich und oben leicht knusprig – all das sind diese superleckeren kleinen Kuchen auf der Basis von gemahlenen Mandeln.

Schwierigkeitsgrad: **einfach** – Zubereitungszeit: **10 Minuten** – Backzeit: **20–25 Minuten** – Aufbewahrung: **2 Tage** in einer luftdicht verschlossenen Dose bei Raumtemperatur

---

ZUTATEN FÜR 12 STÜCK

100 g Mehl Type 405

140 g Puderzucker

120 g gemahlene Mandeln

4 g Backpulver

1 Prise feines Salz

100 g Soja-Naturjoghurt

100 ml Mandeldrink

60 ml geschmacksneutrales Pflanzenöl

einige Tropfen Bittermandelaroma

Mandelblättchen (nach Belieben)

1 Den Backofen auf 180 °C (Umluft 160 °C) vorheizen.

2 Das Mehl in einer Schüssel mit dem Puderzucker, den gemahlenen Mandeln, dem Backpulver und dem Salz mischen.

3 Den Joghurt, den Mandeldrink, das Öl und das Bittermandelaroma dazugeben und alles rasch (ohne den Teig zu stark durchzuarbeiten) zu einem homogenen Teig verrühren.

4 Den Teig in die Vertiefungen einer Financierform füllen und nach Belieben mit Mandelblättchen bestreuen.

5 Die Financiers auf der mittleren Schiene 20–25 Minuten goldgelb backen.

6 Nach dem Backen kurz in der Form abkühlen lassen. Danach aus der Form lösen und auf einem Kuchengitter vollständig auskühlen lassen.

TIPP

Die Financiers nach Belieben noch mit einem Aroma eurer Wahl – z.B. Pistazienpaste, Zitrusschale, Matcha, Orangenblütenwasser – verfeinern.

Erdbeertörtchen

Von diesen Törtchen kann ich nie genug bekommen! Ich kann es kaum erwarten, bis die ersten Erdbeeren reif sind, um sie wieder backen zu können. Leider ist die Erdbeersaison relativ kurz, nutzt die Zeit, um möglichst oft in den Genuss zu kommen. In diesem Rezept habe ich mit einer köstlichen Mandelcreme noch »eins draufgesetzt«.

Schwierigkeitsgrad: **mittel** – Zubereitungszeit: **1 Stunde** – Backzeit: **30–35 Minuten** – Ruhezeit: **30–60 Minuten** bei Raumtemperatur + **3 Stunden** + **30 Minuten** im Kühlschrank – Aufbewahrung: **3 Tage** im Kühlschrank

---

ZUTATEN FÜR 6 STÜCK

FÜR DIE KONDITORCREME

250 ml Soja-Vanilledrink

1 Msp. natürliche gelbe Lebensmittelfarbe (nach Belieben)

½ Vanilleschote

40 g Zucker

25 g Maisstärke

20 g vegane Margarine

FÜR DEN MÜRBETEIG

85 g zimmerwarme vegane Margarine

170 g Mehl Type 550

55 g Puderzucker

25 g gemahlene Mandeln

1 Prise feines Salz

30 ml geschmacksneutraler Pflanzendrink

FÜR DIE MANDELCREME

35 g vegane Backmargarine

30 g Puderzucker

35 g gemahlene Mandeln

einige Tropfen Bittermandelaroma

25 g flüssige vegane Sahne

5 g Maisstärke

FÜR DEN BELAG

400–500 g frische Erdbeeren

100 g heller Tortenguss oder Erdbeerkonfitüre

DIE KONDITORCREME HERSTELLEN

1 In einer kleinen Stielkasserolle den Sojadrink mit der Lebensmittelfarbe (falls verwendet), dem ausgekratzten Vanillemark und der -schote aufkochen und danach von der Herdplatte nehmen.

2 Die Mischung 30 Minuten (für ein noch intensiveres Vanillearoma am besten über Nacht im Kühlschrank) ziehen lassen. Die Vanilleschote danach herausnehmen.

3 Den Zucker und die Stärke in einer Schüssel mischen und mit etwas Vanilledrink glatt rühren. Nach und nach den restlichen Vanilledrink hinzufügen und dabei ständig mit dem Schneebesen rühren.

4 Die Mischung in eine Stielkasserolle gießen und unter ständigem Rühren bei mittlerer bis starker Hitze erhitzen, bis sie kocht und eindickt. Noch 1 Minute unter ständigem Rühren kochen lassen.

5 Den Topf danach von der Herdplatte nehmen, sofort die Margarine hinzufügen und das Ganze kräftig und sorgfältig zu einer glatten Creme verrühren.

6 Die Creme in eine Schüssel füllen, mit Frischhaltefolie abdecken und im Kühlschrank vollständig abkühlen lassen (sie wird danach in etwa die Konsistenz eines Flans haben).

DEN MÜRBETEIG HERSTELLEN UND VORBACKEN

1 Die Margarine mehrere Stunden vorher aus dem Kühlschrank nehmen, damit sie weich wird.

2 Das Mehl in einer Schüssel mit dem Puderzucker, den gemahlenen Mandeln und dem Salz mischen. Die Margarine hinzufügen und alles mit den Fingerspitzen zu einem

Erdbeertörtchen

feinkrümeligen Teig verarbeiten. Anschließend rasch (ohne den Teig zu sehr durchzuarbeiten) den Pflanzendrink einrühren, bis sich der Teig zu einer homogenen Teigkugel formen lässt.

3 Den Teig zwischen zwei Bögen Backpapier 3 mm dick ausrollen und 1 Stunde im Kühlschrank ruhen lassen.

4 Nach Ablauf der Ruhezeit mit kleinen Tortenringen (ø 8 cm) Kreise ausstechen und diese mit den Ringen auf ein mit einer Silikonmatte oder mit Backpapier ausgelegtes Backblech setzen (dabei auf ausreichenden Abstand achten). Die Böden mehrfach mit einer Gabel einstechen und 30 Minuten im Kühlschrank ruhen lassen.

5 Den Backofen auf 160 °C (Umluft 140 °C) vorheizen.

6 Die Tortenböden – ohne sie zu beschweren – auf der mittleren Schiene 10 Minuten vorbacken und danach bei Raumtemperatur abkühlen lassen. Inzwischen die Mandelcreme zubereiten.

DIE MANDELCREME HERSTELLEN UND DIE TÖRTCHEN BACKEN

1 Die Margarine mehrere Stunden vorher aus dem Kühlschrank nehmen, damit sie weich wird.

2 Den Backofen auf 180 °C (Umluft 160 °C) vorheizen.

3 Die Margarine mit dem Puderzucker, den gemahlenen Mandeln und dem Bittermandelaroma in der Küchenmaschine oder mit dem Handmixer cremig rühren. Die Sahne in drei Portionen unterschlagen und zum Schluss die Stärke einrühren.

4 Die Creme gleichmäßig auf den Tortenböden verstreichen.

5 Die Böden auf der mittleren Schiene 20–25 Minuten goldbraun backen und die Tortenringe danach entfernen.

6 Die Böden anschließend auf einem Kuchengitter vollständig auskühlen lassen.

DIE TÖRTCHEN FERTIGSTELLEN

1 Die Konditorcreme – am besten in der Küchenmaschine oder mit dem Handmixer – kräftig aufschlagen und auf der Mandelcreme verstreichen.

2 Die Erdbeeren kurz unter fließendem Wasser waschen, entstielen, halbieren und dekorativ auf den Tortenböden arrangieren.

3 Den Tortenguss oder die Konfitüre mit etwas Wasser erhitzen und die Erdbeeren damit bepinseln.

4 Die Törtchen bis zum Servieren in den Kühlschrank stellen.

TIPP

Je nach Saison könnt ihr die Törtchen auch mit anderen Früchten belegen.

Brookie

Der Brookie ist eine Kombination aus Brownie und Cookie, die hier zu einem superleckeren, in Textur und Geschmack einzigartigen Gebäck verschmelzen.

Schwierigkeitsgrad: **einfach** – Zubereitungszeit: **20 Minuten** – Backzeit: **25–40 Minuten** – Aufbewahrung: **2 Tage** in einer luftdicht verschlossenen Dose bei Raumtemperatur

---

ZUTATEN FÜR 8–10 PERSONEN

FÜR DEN BROWNIETEIG

125 g vegane Schokolade, gehackt

150 ml geschmacksneutraler Pflanzendrink

60 ml geschmacksneutrales Pflanzenöl

100 g Mehl Type 405

80 g Zucker

1 Prise feines Salz

50 g Walnusskerne, gehackt

FÜR DEN COOKIETEIG

120 g vegane Backmargarine

55 g weißer Zucker

55 g brauner Zucker

1 EL geschmacksneutraler Pflanzendrink

1 TL flüssiges Vanillearoma

210 g Mehl Type 405 oder 550

½ TL Backpulver

½ TL feines Salz

60 g + 20 g vegane Zartbitter-Schokoladensplitter

TIPP

Am besten schmeckt der Brookie, wenn ihr ihn lauwarm mit einer Kugel Vanilleeis genießt.

DEN BROWNIETEIG HERSTELLEN

1 Eine quadratische Backform (20 x 20 cm) mit Öl einfetten und mit Backpapier auslegen (der Kuchen löst sich dann später leichter aus der Form).

2 Die Schokolade mit dem Pflanzendrink und dem Öl in eine Schüssel geben, über einem Wasserbad oder in der Mikrowelle schmelzen und die Mischung danach gut verrühren.

3 In einer zweiten Schüssel das Mehl mit dem Zucker, dem Salz und den Walnüssen mischen und die Mischung sorgfältig mit der Schokolade verrühren. Den Teig anschließend in die Form füllen und in den Kühlschrank stellen.

DEN COOKIETEIG HERSTELLEN

1 Die Margarine einige Stunden vorher aus dem Kühlschrank nehmen, damit sie weich wird.

2 Den Backofen auf 180 °C (Umluft 160 °C) vorheizen.

3 Die Margarine mit den beiden Zuckern cremig aufschlagen. Danach den Pflanzendrink und das Vanillearoma unterrühren.

4 In einer zweiten Schüssel das Mehl mit dem Backpulver, dem Salz und 60 g Schokoladensplittern mischen und anschließend rasch (ohne den Teig zu sehr durchzuarbeiten) mit der Margarinemischung zu einem homogenen Teig verrühren.

DEN BROWNIE FERTIGSTELLEN

1 Den Cookieteig grob zerkrümeln und auf dem Brownieteig verteilen. Die restlichen Schokoladensplitter (20 g) darüberstreuen und den Brookie auf der mittleren Schiene 25–40 Minuten backen, bis er oben leicht gebräunt ist.

2 Den Brookie aus dem Ofen nehmen, etwas abkühlen lassen und danach aus der Form lösen.

Brownie

Bis ich es geschafft hatte, eine vegane Brownieversion nach meinem Geschmack hinzubekommen, musste ich viele Anläufe nehmen. Aber nun bin ich restlos begeistert von dem Ergebnis und muss sagen, es sind wirklich Brownies der Extraklasse. Denn sie sind wunderbar »schokoladig«, aber nicht zu süß, innen zart schmelzend und außen schön knusprig.

Schwierigkeitsgrad: **einfach** – Zubereitungszeit: **10 Minuten** – Backzeit: **20–25 Minuten** – Aufbewahrung: je nach gewünschter Konsistenz **2 Tage** im Kühlschrank oder in einer luftdicht verschlossenen Dose bei Raumtemperatur

---

ZUTATEN FÜR 8 PERSONEN

200 g dunkle Kuvertüre (etwa 64 % Kakaoanteil)

180 ml geschmacksneutraler Pflanzendrink

50 g vegane Backmargarine

60 g Mehl Type 405 oder Maisstärke

100 g gemahlene Mandeln

90 g Zucker

1 kräftige Prise feines Salz

80 – 100 g Walnusskerne, Pekannüsse oder Haselnusskerne, gehackt

1 Den Backofen auf 180 °C (Umluft 160 °C) vorheizen.

2 Eine quadratische Backform (20 x 20 cm) mit Öl einfetten und mit Backpapier auslegen (der Kuchen löst sich dann später leichter aus der Form).

3 Die Kuvertüre mit dem Pflanzendrink und der Margarine in eine Schüssel geben, über einem Wasserbad oder in der Mikrowelle schmelzen und die Mischung danach gut verrühren.

4 In einer zweiten Schüssel das Mehl oder die Stärke mit den gemahlenen Mandeln, dem Zucker, dem Salz und den Nüssen mischen. Die Mischung sorgfältig mit der Kuvertüremischung verrühren.

5 Den Teig in die Form füllen und auf der mittleren Schiene 20–25 Minuten backen.

6 Den fertig gebackenen Brownie aus dem Ofen nehmen, etwas abkühlen lassen und danach aus der Form lösen.

7 Vollständig abkühlen lassen und in Quadrate schneiden.

TIPP

Die Backzeit solltet ihr möglichst genau einhalten, damit die Brownies schön saftig bleiben und nicht trocken werden. 25 Minuten sind das absolute Maximum.

Schokokuchen mit Kokosherz

Eine Kokoscremefüllung macht diesen Schokoladenbiskuitkuchen zu einem unvergleichlichen Genuss. Damit werdet ihr nicht nur kleine, sondern auch große Gäste begeistern. Das kann ich euch garantieren!

Schwierigkeitsgrad: **einfach** – Zubereitungszeit: **45 Minuten** – Backzeit: **20–30 Minuten** – Ruhezeit: **10 Minuten** bei Raumtemperatur + **1 Stunde** im Kühlschrank – Aufbewahrung: **2 Tage** im Kühlschrank

---

ZUTATEN FÜR 8 PERSONEN

FÜR DEN SCHOKOLADENBISKUIT

250 ml geschmacksneutraler Pflanzendrink

1 TL Apfelessig

215 g Mehl Type 405

35 g ungesüßtes Kakaopulver

150 g Zucker

6 g Backpulver

1 Prise feines Salz

110 ml geschmacksneutrales Pflanzenöl

FÜR DEN SIRUP

20 g Zucker

FÜR DIE KOKOSCREME

15 g Puderzucker

4 g Sahnesteif

125 g Kokoscreme, gut gekühlt

25 g Kokosraspel

FÜR DEN ÜBERZUG UND ZUM BESTREUEN

300 g vegane Schokolade oder Kuvertüre, gehackt

Kokosraspel

DEN SCHOKOLADENBISKUIT HERSTELLEN

1 Den Backofen auf 160 °C (Umluft 140 °C) vorheizen.

2 Eine quadratische Backform (20 x 20 cm) mit Öl einfetten und mit Backpapier auslegen (der Kuchen löst sich dann später leichter aus der Form).

3 Den Pflanzendrink in einer kleinen Schüssel mit dem Essig verrühren und 10 Minuten ruhen lassen.

4 Das Mehl in einer Schüssel mit dem Kakaopulver, dem Zucker, dem Backpulver und dem Salz mischen.

5 Nach Ablauf der Ruhezeit das Öl zum Pflanzendrink geben und die Mischung kräftig mit dem Schneebesen verrühren.

6 Diese Mischung über die trockenen Zutaten gießen und alles rasch (ohne den Teig zu sehr durchzuarbeiten) zu einem homogenen Teig verrühren.

7 Den Teig in die Form füllen und auf der mittleren Schiene 20–30 Minuten backen. Während des Backens regelmäßig durch Einstechen mit einer Messerspitze prüfen, ob der Biskuit bereits durchgebacken ist. Er ist fertig, wenn das Messer sauber bleibt.

8 Den Biskuit aus dem Ofen nehmen und kurz abkühlen lassen. Anschließend aus der Form lösen und auf einem Kuchengitter vollständig auskühlen lassen.

9 Sobald er vollständig erkaltet ist, die Oberfläche mit einem großen Brotmesser begradigen und den Biskuit in der Mitte halbieren, sodass zwei gleich große Rechtecke entstehen.

Schokokuchen mit Kokosherz

DEN SIRUP HERSTELLEN

1 Den Zucker mit 50 ml Wasser in einer kleinen Stielkasserolle aufkochen, einige Minuten kochen lassen und den Topf danach von der Herdplatte nehmen.

DIE KOKOSCREME ZUBEREITEN

1 Den Puderzucker in einer kleinen Schüssel mit dem Sahnesteif mischen.

2 Die Kokoscreme mit dem Handmixer oder in der Küchenmaschine aufschlagen, bis sie steif zu werden beginnt. Die Puderzuckermischung hinzufügen und die Creme auf höchster Stufe steif schlagen. Zum Schluss die Kokosraspel vorsichtig mit einem Teigschaber unterziehen.

DEN KUCHEN ZUSAMMENSETZEN

1 Die Biskuithälften mit dem Zuckersirup bepinseln.

2 Eines der beiden Rechtecke auf der mit Sirup getränkten Seite gleichmäßig mit der Kokoscreme bestreichen. Das zweite Rechteck mit der getränkten Seite nach unten auflegen und leicht andrücken, damit sich die Creme gut verteilt. Die Creme an den Seiten mit einem Spatel glatt streichen.

3 Den Kuchen 1 Stunde im Kühlschrank ruhen lassen und die Seiten danach mit einem großen Brotmesser begradigen.

DEN KUCHEN FERTIGSTELLEN

1 Die Schokolade in einer kleinen Schüssel über einem Wasserbad oder in der Mikrowelle schmelzen.

2 Von der geschmolzenen Schokolade 2 EL zum Verzieren abnehmen und in einen kleinen Spritzbeutel füllen.

3 Ein Kuchengitter auf einen großen Teller setzen und den Kuchen darauflegen.

4 Die flüssige Schokolade darübergießen und gleichmäßig mit einer Palette über den ganzen Kuchen verteilen.

5 Den Kuchen in den Kühlschrank oder – wenn es schneller gehen soll – in die Tiefkühltruhe stellen, bis der Schokoladenüberzug fest ist.

6 Mit dem Spritzbeutel ein Zickzackmuster aus Schokolade aufspritzen und den Kuchen zum Schluss mit Kokosraspeln bestreuen.

7 Den Kuchen auf einer Servierplatte anrichten und bis zum Servieren in den Kühlschrank stellen.

4
Aufstriche, Schokoladenriegel und kleine Süßigkeiten

Nuss-Nougat-Creme

Ein besonders intensiver Haselnuss- und Schokoladengeschmack zeichnet diese köstliche vegane Nuss-Nougat-Creme aus. Solltet ihr unbedingt mal ausprobieren!

Schwierigkeitsgrad: **mittel** – Zubereitungszeit: **15 Minuten** – Röstzeit: **10 Minuten** – Aufbewahrung: **1 Monat** in einem luftdicht verschlossenen Glas bei Raumtemperatur

---

ZUTATEN
FÜR 300 GRAMM

150 g Haselnusskerne

120 g Zucker

80 g vegane Schokolade (ca. 52 % Kakakogehalt), gehackt

1 Den Backofen auf 180 °C (Umluft 160 °C) vorheizen.

2 Die Nüsse auf einem Backblech verteilen und im Backofen auf der mittleren Schiene 10 Minuten rösten. Herausnehmen und abkühlen lassen. Die Nüsse in einem sauberen Geschirrtuch oder zwischen den Handflächen kräftig aneinanderreiben, um die braunen Häutchen so weit wie möglich zu entfernen.

3 Den Zucker bei mittlerer Hitze in einer Stielkasserolle erhitzen, bis er geschmolzen ist. Dabei nicht umrühren. Sobald er zu karamellisieren beginnt, den Karamell vorsichtig glatt rühren. Wenn er die richtige Farbe hat, die Nüsse in den Topf geben und in dem Karamell wenden, bis sie vollständig damit überzogen sind. Den Topfinhalt danach sofort auf eine Silikonmatte oder ein Stück Backpapier gießen, etwas verteilen und abkühlen lassen.

4 Die erkaltete Karamellplatte in Stücke brechen, in die Rührschüssel der Küchenmaschine füllen (für den nun folgenden Schritt solltet ihr idealerweise über eine Küchenmaschine mit einer Leistung von etwa 1000 W verfügen) und das Ganze auf höchster Stufe zu einer halb flüssigen Haselnusspaste pürieren. Das Gerät dabei immer wieder kurz ausschalten und die Wände der Schüssel säubern (je nach Leistungsfähigkeit dauert dieser Vorgang zwischen 5 und 15 Minuten). Die Haselnusspaste anschließend in eine Schüssel umfüllen.

5 Die Schokolade schmelzen und mit der Paste verrühren. Ist die Konsistenz noch zu grob, die Creme noch einmal mit dem Stabmixer durchrühren. Danach wird die Creme relativ flüssig sein, sie wird aber beim Abkühlen nach und nach fester.

6 Die Nuss-Nougat-Creme in ein Schraubglas füllen und bei Raumtemperatur aufbewahren.

TIPP
Ist es zu kühl, ist die Nuss-Nougat-Creme unter Umständen nicht mehr streichfähig. In diesem Fall die gewünschte Menge aus dem Glas nehmen, in eine kleine Schüssel füllen und einige Sekunden in der Mikrowelle erwärmen.

Erdnussbutter

Habt ihr schon einmal versucht, Erdnussbutter selber zu machen? Mit diesem supereinfachen Rezept ist sie im Handumdrehen fertig, und ihr braucht sie nie wieder zu kaufen!

Schwierigkeitsgrad: **einfach** – Zubereitungszeit: **10 Minuten** – Röstzeit: **15 Minuten** – Aufbewahrung: **1 Monat** in einem Schraubglas bei Raumtemperatur

---

ZUTATEN FÜR 250 GRAMM

250 g ungesalzene Erdnusskerne

1 Prise feines Salz

1 Den Backofen auf 160 °C (Umluft 140 °C) vorheizen.

2 Die Erdnüsse auf einem Backblech verteilen und auf der mittleren Schiene 15 Minuten rösten. Anschließend aus dem Ofen nehmen und einige Minuten abkühlen lassen.

3 Mit dem Salz in den Mixer füllen und auf höchster Stufe pürieren (dabei die Wände des Mixaufsatzes regelmäßig säubern), bis eine homogene Creme entstanden ist. Dies kann eine Weile dauern, denn die Erdnüsse durchlaufen dabei verschiedene Stadien und werden erst zu Pulver, dann zu einer Paste und schließlich zu Mus.

4 Die Erdnussbutter in ein Schraubglas oder ein anderes luftdicht verschließbares Gefäß füllen und bei Raumtemperatur aufbewahren.

TIPP

Wer eine »crunchy« Erdnussbutter bevorzugt, kann noch ein paar geröstete, grob gehackte Erdnüsse unter die fertige Butter mischen.

Spekulatiusaufstrich

Diesen herrlichen Brotaufstrich könnte ich löffelweise in mich hineinschaufeln! Und selbst gemacht schmeckt er noch einmal so gut – und was das Allerbeste ist: Die Zubereitung dauert gerade einmal 5 Minuten.

Schwierigkeitsgrad: **einfach** – Zubereitungszeit: **5 Minuten** – Aufbewahrung: **5 Tage** in einem Schraubglas im Kühlschrank

---

ZUTATEN FÜR 235 GRAMM

130 g Spekulatius

100 g flüssige vegane Sahne

5 ml geschmacksneutrales Kokosöl

1 Die Spekulatius in den Mixaufsatz krümeln, die vegane Sahne hinzufügen und beide Zutaten mixen.

2 Das Kokosöl verflüssigen, zu den Spekulatius in den Mixer geben und das Ganze zu einer cremigen Paste verrühren.

3 Den Aufstrich in ein Schraubglas oder ein anderes luftdicht verschließbares Gefäß füllen und im Kühlschrank aufbewahren.

TIPP
Noch intensiver wird der Spekulatiusgeschmack, wenn man die Kekse vorher etwa 10 Minuten bei 160 °C (Umluft 140 °C) im Backofen auf der mittleren Schiene röstet.

Schoko-Karamell-Keksriegel

Gute Nachricht für alle Leckermäulchen: Köstliche Karamellkeksriegel kann man auch selber machen. Wie's geht, erfahrt ihr hier. Vorweg aber noch eine Warnung: Die Riegel haben Suchtpotenzial!

Schwierigkeitsgrad: **mittel** – Zubereitungszeit: **30 Minuten** – Backzeit: **15 Minuten** – Ruhezeit: **1 Stunde** im Kühlschrank + **30 Minuten** bei Raumtemperatur + **1 Stunde** in der Tiefkühltruhe – Aufbewahrung: **5 Tage** in einer luftdicht verschlossenen Dose im Kühlschrank (die Riegel 10 Minuten vor dem Genuss aus dem Kühlschrank nehmen)

ZUTATEN FÜR 10 STÜCK

FÜR DEN MÜRBETEIG

150 g vegane Backmargarine
50 g Puderzucker
180 g Mehl Type 550
1 Prise feines Salz

FÜR DEN KARAMELL

125 g Zucker
60 g flüssige Sojasahne
20 g vegane Backmargarine
1 Prise feines Salz

ZUM ÜBERZIEHEN

250 g vegane Schokolade oder Kuvertüre, gehackt

DIE KEKSE HERSTELLEN

1 Die Margarine einige Stunden vorher aus dem Kühlschrank nehmen, damit sie weich wird.

2 Die Margarine und den Puderzucker mit dem Handmixer oder in der Küchenmaschine cremig aufschlagen. Das Mehl und das Salz hinzufügen und alles zu einem homogenen Teig verrühren.

3 Den Teig zwischen zwei Bögen Backpapier zu einem 10 x 20 cm großen Rechteck ausrollen und mindestens 1 Stunde im Kühlschrank ruhen lassen.

4 Den Teig in zehn 2 cm breite und 10 cm lange Streifen schneiden, diese auf ein mit einer Silikonmatte oder mit Backpapier ausgelegtes Backblech legen (dabei auf ausreichenden Abstand achten) und mehrfach mit einem Spieß einstechen.

5 Den Backofen auf 180 °C (Umluft 160 °C) vorheizen. Das Backblech währenddessen in den Kühlschrank stellen.

6 Die Kekse auf der mittleren Schiene etwa 15 Minuten backen, bis sie etwas Farbe angenommen haben.

7 Das Blech aus dem Ofen nehmen und sofort die Ränder der Kekse begradigen. Dafür müssen sie noch heiß sein, weil sie sonst brechen. Deshalb dürfen sie auch erst vom Blech genommen werden, wenn sie vollständig ausgekühlt sind.

Schoko-Karamell-Keksriegel

DEN KARAMELL HERSTELLEN

1 Den Zucker bei mittlerer Hitze in einer Stielkasserolle schmelzen. Dabei nicht umrühren! Erst wenn er zu karamellisieren beginnt, den Karamell vorsichtig glatt rühren.

2 Gleichzeitig die Sahne in einer zweiten kleinen Stielkasserolle erhitzen.

3 Sobald der Karamell die richtige Farbe hat, die heiße Sahne langsam und vorsichtig (Achtung vor Spritzern!) unter den Karamell rühren. Zum Schluss die Margarine und das Salz einrühren.

4 Den Karamell anschließend 1 Minute bei schwacher Hitze erwärmen und dabei ständig umrühren.

5 Den Karamell in eine Rührschüssel umfüllen und mit dem Stabmixer glatt rühren.

6 Etwa 30 Minuten bei Raumtemperatur stehen lassen, damit er eindickt. Dabei regelmäßig umrühren und die Konsistenz prüfen (er ist fertig, wenn er eingedickt, aber noch weich ist). Den fertigen Karamell in einen Spritzbeutel mit glatter Tülle füllen.

7 Auf jeden Keks eine Karamellschicht aufspritzen und das Blech danach in die Tiefkühltruhe stellen, um den Karamell fest werden zu lassen.

DIE RIEGEL ÜBERZIEHEN

1 Die Schokolade in einer kleinen Schüssel über einem Wasserbad oder in der Mikrowelle schmelzen.

2 Die Kekse – einzeln – aus der Tiefkühltruhe nehmen und mithilfe einer Gabel in die geschmolzene Schokolade tauchen.

3 Die überschüssige Schokolade abtropfen lassen und die Gabel am Schüsselrand abstreifen.

4 Die Riegel auf ein mit einer Silikonmatte oder mit Backpapier ausgelegtes Backblech legen (dabei auf ausreichenden Abstand achten) und in den Kühlschrank stellen, bis die Schokolade fest ist.

TIPP

Zur Abwechslung könnt ihr die Riegel auch einmal mit veganer Vollmilchschokolade oder weißer Schokolade überziehen.

Schokolade mit Puffgetreide

Habt ihr als Kinder den knusprigen Puffreis, vor allem den mit Schokolade, auch so geliebt? Hier eine vegane Variante der beliebten Süßigkeit, für die ihr gerade einmal vier Zutaten – und ein wenig Geduld – braucht.

Schwierigkeitsgrad: **einfach** – Zubereitungszeit: **20 Minuten** – Ruhezeit: **15 Minuten** in der Tiefkühltruhe + **5 Minuten** im Kühlschrank – Aufbewahrung: **1 Woche** in einer luftdicht verschlossenen Dose bei Raumtemperatur (an einem kühlen, trockenen und lichtgeschützten Ort)

ZUTATEN FÜR 1 GROSSE TAFEL

40 g + 25 g vegane dunkle Schokolade oder Kuvertüre

75 g vegane weiße Schokolade

5 g gepuffter Reis

5 g gepuffter Weizen

1 In einer kleinen Schüssel 40 g dunkle Schokolade über einem Wasserbad oder in der Mikrowelle schmelzen.

2 Die geschmolzene Schokolade in eine Silikonschokoladenform gießen und die Oberfläche mit einem Backpinsel glatt streichen. Die Form anschließend in die Tiefkühltruhe stellen, um die Schokolade fest werden zu lassen.

3 In einer zweiten kleinen Schüssel die weiße Schokolade über einem Wasserbad oder in der Mikrowelle schmelzen. Den Reis und den Weizen hinzufügen und gut umrühren.

4 Die Mischung über der erstarrten dunklen Schokolade in der Silikonform verteilen, gut andrücken und die Form für weitere 10 Minuten in die Tiefkühltruhe stellen.

5 Die restliche dunkle Schokolade (25 g) schmelzen und die weiße Schokoladenschicht damit überziehen.

6 Die Form in den Kühlschrank stellen, bis der Schokoladenüberzug fest ist. Die Schokolade danach aus der Form lösen.

TIPP

Wenn ihr keine Schokoladenform besitzt, könnt ihr das Rezept auch mit einer Financierform machen.

Kokos-Schoko-Riegel

Kokos und Schokolade – für mich einfach eine unschlagbare Kombination! Deshalb bin ich besonders stolz auf meine vegane Version dieser beliebten kleinen Riegel, die auch noch supereinfach und mit nur wenigen Zutaten herzustellen sind.

Schwierigkeitsgrad: **einfach** – Zubereitungszeit: **20 Minuten** – Ruhezeit: **30 Minuten** in der Tiefkühltruhe – Aufbewahrung: **3 Tage** in einer luftdicht verschlossenen Dose im Kühlschrank (die Riegel 10 Minuten vor dem Servieren herausnehmen)

ZUTATEN FÜR 12 KLEINE RIEGEL

FÜR DIE KOKOSFÜLLUNG

100 g Kokosraspel

40 g Puderzucker oder Zucker

120 g dickflüssige Kokosmilch (mindestens 60 % Kokos)

20 g Kokosöl (zum Stabilisieren der Kokosfüllung – nach Belieben)

FÜR DEN ÜBERZUG

200 g vegane Schokolade oder Kuvertüre, gehackt

DIE KOKOSFÜLLUNG HERSTELLEN

1 Die Kokosraspel in einer Schüssel mit dem Zucker, der Kokosmilch und dem Kokosöl (das Öl zuvor gegebenenfalls verflüssigen) vermengen.

2 Mit den Händen etwa 6–7 cm lange Riegel aus der Mischung formen und auf ein mit einer Silikonmatte oder mit Backpapier ausgelegtes Backblech legen.

3 Das Blech mindestens 30 Minuten in die Tiefkühltruhe stellen, bis die Riegel so fest sind, dass man sie in die Hand nehmen kann, ohne dass sie zerbrechen.

DIE RIEGEL FERTIGSTELLEN

1 Die Schokolade in einer kleinen Schüssel über einem Wasserbad oder in der Mikrowelle schmelzen.

2 Die Kokosriegel – einzeln – aus der Tiefkühltruhe nehmen und mithilfe einer Gabel in die geschmolzene Schokolade tauchen. Die überschüssige Schokolade abklopfen und die Gabel am Schüsselrand abstreifen.

3 Die Riegel auf ein mit einer Silikonmatte oder mit Backpapier ausgelegtes Backblech legen (dabei auf ausreichenden Abstand achten) und den Schokoladenüberzug, bevor er fest ist, mithilfe einer Gabel mit einem Muster versehen.

4 Das Blech anschließend in den Kühlschrank stellen, bis die Schokolade fest ist.

TIPP

Den Zucker könnt ihr auch durch 2 EL Agavendicksaft oder Ahornsirup ersetzen.

Luftig gefüllte Schoko-Karamell-Riegel

In diese superleckeren Schokoriegel möchte man am liebsten sofort hineinbeißen. Die luftige Schokoladenfüllung hat mir zwar einiges Kopfzerbrechen bereitetet, doch schließlich ist es mir doch gelungen, sie originalgetreu hinzubekommen.

Schwierigkeitsgrad: **schwierig** – Zubereitungszeit: **40 Minuten** – Kochzeit: **10 + 5 Minuten** – Ruhezeit: **2–9 Stunden** in der Tiefkühltruhe – Aufbewahrung: **5 Tage** in einer luftdicht verschlossenen Dose im Kühlschrank

---

ZUTATEN FÜR 12 STÜCK

FÜR DEN KARAMELL

125 g Zucker

60 g flüssige Sojasahne

20 g vegane Backmargarine

1 Prise feines Salz

FÜR DIE SCHOKOLADENFÜLLUNG

50 ml zimmerwarmes Aquafaba

125 g Zucker

75 ml Agavendicksaft

100 g vegane dunkle Kuvertüre (etwa 64 % Kakaoanteil)

FÜR DEN ÜBERZUG

300 g vegane Schokolade oder Kuvertüre, gehackt

DEN KARAMELL HERSTELLEN

1 Siehe Rezept Seite 136, Schritt 1 bis 4.

2 Den Karamell von der Herdplatte nehmen, direkt im Topf mit dem Stabmixer glatt rühren und danach sofort (damit er nicht fest wird) auf 12 Vertiefungen einer Silikon-Mini-Cake-Form (etwa 8 x 3 cm) verteilen. Sollte er doch fest werden, den Karamell noch einmal bei schwacher Hitze erwärmen. Die Form anschließend in die Tiefkühltruhe stellen.

DIE SCHOKOLADENFÜLLUNG HERSTELLEN

1 Das Aquafaba in die Rührschüssel der Küchenmaschine gießen.

2 Den Zucker in einer kleinen Stielkasserolle mit dem Agavendicksaft und 65 ml Wasser verrühren und die Mischung bei relativ starker Hitze auf 143 °C erhitzen.

3 Hat der Sirup 110 °C erreicht, das Aquafaba auf höchster Stufe steif schlagen. Sobald die Temperatur von 143 °C erreicht ist, die Küchenmaschine auf mittlere Geschwindigkeit herunterschalten und den Sirup langsam entlang der Schüsselwände in die Schüssel gießen. Sobald der Sirup vollständig mit dem Aquafaba vermischt ist, das Ganze noch 3 Minuten auf höchster Stufe schlagen.

4 Die Kuvertüre schmelzen und mit einem Teigschaber sorgfältig, aber vorsichtig unter den Aquafabaschnee rühren.

5 Die Mischung in einen Spritzbeutel füllen und auf dem Karamell verteilen. Die Form mindestens 2 Stunden, am besten über Nacht, in die Tiefkühltruhe stellen. Die Riegel müssen gut durchgekühlt sein, bevor sie in die Schokolade getaucht werden.

Luftig gefüllte Schoko-Karamell-Riegel

DIE RIEGEL FERTIGSTELLEN

1 Die Schokolade in einer kleinen Schüssel über einem Wasserbad oder in der Mikrowelle schmelzen.

2 Die Riegel – einzeln – aus der Tiefkühltruhe nehmen und mithilfe einer Gabel in die geschmolzene Schokolade tauchen.

3 Die überschüssige Schokolade abklopfen und die Gabel am Schüsselrand abstreifen.

4 Die Riegel auf ein mit einer Silikonmatte oder mit Backpapier ausgelegtes Backblech legen und dabei auf ausreichenden Abstand achten.

5 Die Schokolade aushärten lassen und die Riegel im Kühlschrank aufbewahren.

TIPP

Das Überziehen der Riegel muss fix gehen, denn sie werden schnell weich, wenn sie mit der geschmolzenen Schokolade in Berührung kommen.

Knusprige Schoko-Karamell-Riegel

Bestimmt liebt ihr diese knusprigen Riegel genauso wie ich. Und da habe ich eine gute Nachricht für euch: Man kann sie auch selber machen, und das sogar in einer veganen Version. Das Ergebnis wird euch begeistern!

Schwierigkeitsgrad: **mittel** – Zubereitungszeit: **25 Minuten** – Kochzeit: **10 Minuten** – Ruhezeit: **30 Minuten** bei Raumtemperatur + **30 Minuten** in der Tiefkühltruhe – Aufbewahrung: **5 Tage** in einer luftdicht verschlossenen Dose im Kühlschrank (die Riegel 10 Minuten vor dem Servieren herausnehmen)

ZUTATEN FÜR 5 GROSSE RIEGEL

FÜR DEN KARAMELL

125 g Zucker

60 g flüssige Sojasahne

20 g vegane Backmargarine

1 Prise feines Salz

AUSSERDEM

10 Schoko-Neapolitanerwaffeln

200 g vegane Schokolade oder Kuvertüre, gehackt

15 g gepuffter Reis

DEN KARAMELL HERSTELLEN

1 Siehe Rezept Seite 136, Schritt 1 bis 6.

DIE RIEGEL ZUSAMMENSETZEN

2 Den Karamell, sobald er die richtige Konsistenz hat, in einen Spritzbeutel mit glatter Tülle füllen. Eine Karamellschicht auf eine Neapolitanerwaffel aufspritzen und eine zweite Waffel daraufsetzen. Mit den übrigen Waffeln ebenso verfahren, sodass ihr am Ende 5 Waffeltürmchen habt.

3 Die Waffeln 30 Minuten in die Tiefkühltruhe stellen, damit der Karamell fest wird.

4 Die Schokolade in einer kleinen Schüssel über einem Wasserbad oder in der Mikrowelle schmelzen und den Reis unterrühren.

5 Die Riegel – einzeln – aus der Tiefkühltruhe nehmen und mithilfe einer Gabel in die Schokolade tauchen. Die überschüssige Schokolade abklopfen und die Gabel am Schüsselrand abstreifen.

6 Die Riegel auf ein mit einer Silikonmatte oder mit Backpapier ausgelegtes Backblech legen und dabei auf ausreichenden Abstand achten.

7 Das Blech anschließend in den Kühlschrank stellen, bis die Schokolade fest ist.

TIPP

Aus den fünf großen könnt ihr auch zehn kleine machen, indem ihr die Riegel in der Mitte halbiert, nachdem ihr sie aus der Gefriertruhe genommen habt.

Erdnussriegel

Schokolade und Erdnüsse – für mich eine unübertreffliche Kombination! Und wenn dann auch noch Karamell dazukommt, ist das schlicht das Nonplusultra der Gaumenfreude. Überzeugt euch selbst davon!

Schwierigkeitsgrad: **schwierig** – Zubereitungszeit: **40 Minuten** – Kochzeit: **10 + 5 Minuten** – Ruhezeit: **2–9 Stunden** in der Tiefkühltruhe – Aufbewahrung: **5 Tage** in einer luftdicht verschlossenen Dose im Kühlschrank

---

ZUTATEN FÜR 12 STÜCK

FÜR DEN KARAMELL

125 g Zucker

60 g flüssige Sojasahne

20 g vegane Backmargarine

1 Prise feines Salz

80 g ungesalzene Erdnusskerne

FÜR DIE ERDNUSSBUTTER

50 ml zimmerwarmes Aquafaba

125 g Zucker

75 ml Agavendicksaft

35 g Erdnussbutter

80 ml geschmacksneutrales Kokosöl

ZUM ÜBERZIEHEN

300 g vegane Schokolade oder Kuvertüre, gehackt

DEN KARAMELL HERSTELLEN

1 Siehe Rezept Seite 136, Schritt 1 bis 4.

2 Den Karamell von der Herdplatte nehmen, direkt im Topf mit dem Stabmixer glatt rühren und die Erdnüsse untermischen.

3 Danach sofort (damit er nicht fest wird) auf 12 Vertiefungen einer Silikon-Mini-Cake-Form (etwa 8 x 3 cm) verteilen. Sollte er doch fest werden, den Karamell noch einmal bei schwacher Hitze erwärmen. Die Form anschließend in die Tiefkühltruhe stellen.

DIE ERDNUSSBUTTER HERSTELLEN

1 Das Aquafaba in die Rührschüssel der Küchenmaschine gießen.

2 Den Zucker in einer kleinen Stielkasserolle mit dem Agavendicksaft und 65 ml Wasser verrühren und bei relativ starker Hitze auf 143 °C erhitzen.

3 Hat der Sirup 110 °C erreicht, das Aquafaba auf höchster Stufe steif schlagen. Sobald die Temperatur von 143 °C erreicht ist, die Küchenmaschine auf mittlere Geschwindigkeit herunterschalten und den Sirup langsam entlang der Schüsselwände in die Schüssel gießen. Sobald der Sirup vollständig mit dem Aquafaba vermischt ist, das Ganze noch 3 Minuten auf höchster Stufe schlagen.

4 Die Erdnussbutter in der Mikrowelle erwärmen, bis sie geschmolzen ist, und auf höchster Stufe unter den Aquafabaschnee schlagen.

5 Das Kokosöl gegebenenfalls verflüssigen und – ebenfalls bei höchster Geschwindigkeit – nach und nach in einem feinen Strahl einlaufen lassen. Die Erdnussbutter anschließend in einen Spritzbeutel füllen und auf die Karamellschicht in den Cakeformen spritzen.

6 Die Form mindestens 2 Stunden, am besten über Nacht, in die Tiefkühltruhe stellen (die Riegel müssen gut durchgekühlt sein, bevor sie in die Schokolade getaucht werden).

Erdnussriegel

DIE RIEGEL FERTIGSTELLEN

1 Die Schokolade in einer kleinen Schüssel über einem Wasserbad oder in der Mikrowelle schmelzen.

2 Die Riegel – einzeln – aus der Tiefkühltruhe nehmen und mithilfe einer Gabel in die Schokolade tauchen.

3 Die überschüssige Schokolade abklopfen und die Gabel am Schüsselrand abstreifen.

4 Die Riegel auf ein mit einer Silikonmatte oder mit Backpapier ausgelegtes Backblech legen und dabei auf ausreichenden Abstand achten.

5 Die Schokolade aushärten lassen und die Riegel im Kühlschrank aufbewahren.

TIPP

Das Überziehen der Riegel muss möglichst rasch gehen, denn sie werden schnell weich, wenn sie mit der geschmolzenen Schokolade in Berührung kommen.

Marshmallow-Bären

Die kleinen Bären sehen nicht nur niedlich aus, sie schmecken auch superlecker. Allerdings war es nicht ganz einfach, bei der veganen Version die typische Marshmallow-Textur zu erzielen. Aber ihr werdet sehen, sie kommt dem Original ziemlich nah.

Schwierigkeitsgrad: **mittel** – Zubereitungszeit: **30 Minuten** – Kochzeit: **5 Minuten** – Ruhezeit: **2–9 Stunden** bei Raumtemperatur + **30 Minuten** im Kühlschrank – Aufbewahrung: **3 Tage** in einer luftdicht verschlossenen Dose im Kühlschrank (die Bären 10 Minuten vor dem Naschen herausnehmen)

ZUTATEN FÜR 24 STÜCK

140 g + 60 g vegane Schokolade oder Kuvertüre, gehackt

30 g Puderzucker

½ TL Xanthan

40 ml zimmerwarmes Aquafaba

55 g Zucker

2,5 g Agar-Agar

20 ml Glucosesirup

½ TL flüssiges Vanillearoma

TIPP

Das Bindemittel Xanthan bekommt ihr in Reformhäusern, Drogeriemärkten und gut sortierten Supermärkten. Es ist wichtig, um den Bären die typische Marshmallow-Textur zu verleihen.

1 In einer kleinen Schüssel 140 g Schokolade über einem Wasserbad oder in der Mikrowelle schmelzen.

2 Mit einem Backpinsel 24 Vertiefungen einer Bärchen-Silikonform mit der geschmolzenen Schokolade einpinseln und die Schokolade im Kühlschrank fest werden lassen.

3 Die Vertiefungen mit einer zweiten Schokoladenschicht einstreichen (wenn die Schokoladenhülle etwas dicker ist, lassen sich die Bären später leichter aus der Form lösen) und die Form wieder in den Kühlschrank stellen.

4 Den Puderzucker in der Küchenmaschine mit dem Xanthan verrühren. Das Aquafaba hinzufügen und das Ganze auf höchster Stufe steif schlagen.

5 Gleichzeitig in einer kleinen Stielkasserolle den Zucker mit dem Agar-Agar mischen und nach und nach 30 ml Wasser angießen. Dabei ständig kräftig mit dem Schneebesen rühren. Zum Schluss den Glucosesirup und das Vanillearoma unterrühren. Die Mischung bei relativ starker Hitze auf 110 °C erhitzen. Die Küchenmaschine dann auf mittlere Stufe herunterschalten und den Sirup langsam entlang der Schüsselwände in die Schüssel gießen. Sobald der Sirup vollständig mit dem Aquafaba vermischt ist, das Ganze noch 1 Minute auf höchster Stufe schlagen. Die Masse danach rasch in einen Spritzbeutel füllen, auf die Schokoladenhüllen verteilen und mindestens 2 Stunden, am besten über Nacht, bei Raumtemperatur trocknen lassen.

6 Die restliche Schokolade (60 g) schmelzen und die Bären mit einer dünnen Schokoladenschicht überziehen.

7 Den Überzug 30 Minuten im Kühlschrank fest werden lassen und die Bären danach vorsichtig aus der Form lösen.

Haselnusskugeln

Weihnachten bekam jedes Familienmitglied bei uns zu Hause nach dem Essen immer eine Schachtel mit diesen köstlichen Haselnusskugeln. Ich muss gestehen, dass meine Kugeln nie lange »überlebten«. Sie sind einfach so lecker, dass man regelrecht süchtig danach wird.

Schwierigkeitsgrad: **einfach** – Zubereitungszeit: **30 Minuten** – Röstzeit: **10 Minuten** – Ruhezeit: **10 Minuten** im Kühlschrank – Aufbewahrung: **1 Woche** an einem kühlen, trockenen und lichtgeschützten Ort in einer luftdicht verschlossenen Dose

---

ZUTATEN FÜR 12 STÜCK

FÜR DIE WAFFELHÜLLEN

50 g vegane Schokolade oder Kuvertüre, gehackt

50 g Schoko-Neapolitanerwaffeln, zerkrümelt

FÜR DIE FÜLLUNG

12 Haselnusskerne

60 g Nuss-Nougat-Creme

FÜR DEN ÜBERZUG

10 g + 110 g vegane Schokolade oder Kuvertüre

35 g Krokant

DIE WAFFELHÜLLEN HERSTELLEN

1 Die Schokolade in einer kleinen Schüssel über einem Wasserbad oder in der Mikrowelle schmelzen und die zerkrümelten Waffeln unterrühren.

2 Die 24 Vertiefungen einer Halbkugel-Pralinenform (ø 3 cm) so damit auskleiden, dass nur die Wände damit überzogen sind. Die Form anschließend in die Tiefkühltruhe stellen, damit die Schokolade fest wird.

DIE FÜLLUNG HERSTELLEN

1 Den Backofen auf 180 °C (Umluft 160 °C) vorheizen.

2 Die Nüsse auf ein Backblech streuen, 10 Minuten im Ofen rösten und danach abkühlen lassen.

3 Die Nüsse in einem sauberen Geschirrtuch oder zwischen den Handflächen kräftig aneinanderreiben, um die braunen Häutchen möglichst vollständig zu entfernen.

4 Die Nuss-Nougat-Creme in einen Spritzbeutel füllen und die Waffelhüllen zu drei Viertel damit füllen. In die Hälfte der Hüllen außerdem jeweils 1 Haselnuss setzen.

DIE PRALINEN FERTIGSTELLEN

1 Die Halbkugeln aus der Form lösen, je eine Hälfte mit und eine Hälfte ohne Nuss zu einer Kugel zusammensetzen und die Naht mit 10 g geschmolzener Schokolade verschließen. Die Kugeln anschließend 10 Minuten in den Kühlschrank stellen.

2 Die restliche Schokolade (110 g) schmelzen und den Krokant unterrühren.

3 Die Haselnusskugeln mithilfe einer Gabel in die flüssige Schokolade tauchen, bis sie vollständig damit überzogen sind. Die überschüssige Schokolade kurz abtropfen lassen und die Gabel am Schüsselrand abstreifen.

4 Die Kugeln auf ein mit einer Silikonmatte oder mit Backpapier ausgelegtes Backblech legen und die Schokolade bei Raumtemperatur oder – wenn es schneller gehen soll – im Kühlschrank fest werden lassen.

Karamellsticks

Wie wäre es mit einer kulinarischen Reise in die Vergangenheit? Beim Knabbern dieser herrlichen Karamellsticks werden die schönsten Kindheitserinnerungen wach werden.

Schwierigkeitsgrad: **mittel** – Zubereitungszeit: **5 Minuten** – Kochzeit: **10 Minuten** – Ruhezeit: **30 Minuten** bei Raumtemperatur – Aufbewahrung: **5 Tage** an einem kühlen, trockenen und lichtgeschützten Ort in Zellophan verpackt

---

ZUTATEN FÜR 12 STÜCK

30 g flüssige Sojasahne

10 g vegane Backmargarine

1 Stückchen (5 g) vegane Schokolade

1 Prise feines Salz

¼ TL flüssiges Vanillearoma

125 g Zucker

1 Die Sahne mit der Margarine, der Schokolade, dem Salz und dem Vanillearoma in eine kleine Schüssel geben.

2 Den Zucker in einer Stielkasserolle bei mittlerer Hitze schmelzen lassen. Dabei nicht umrühren! Sobald er zu karamellisieren beginnt, den Karamell vorsichtig glatt rühren.

3 Hat der Karamell eine schöne Farbe angenommen, den Topf von der Herdplatte nehmen und die Sahnemischung sorgfältig einrühren (Vorsicht vor Spritzern!).

4 Den Karamell noch einmal 1 Minute bei kleiner Hitze unter Rühren erwärmen. Danach sollte er vollkommen glatt sein.

5 Den Karamell anschließend sofort auf vier Vertiefungen einer Silikon-Financierform verteilen (dabei müsst ihr schnell arbeiten) und 30 Minuten (nicht länger!) bei Raumtemperatur fest werden lassen.

6 Die Karamellrechtecke vorsichtig aus der Form lösen, auf ein Stück Backpapier legen und mit einem großen Brotmesser der Länge nach dritteln.

7 Die Stäbchen vollständig auskühlen lassen und einzeln in Backpapier oder Zellophan verpacken.

TIPP

Den Karamell keinesfalls länger als 30 Minuten abkühlen lassen, damit er noch weich genug zum Schneiden ist.

Gummibärchen

Dieser fruchtigen Leckerei kann absolut niemand widerstehen. Doch was tun, wenn man sich vegan ernährt? Die meisten handelsüblichen Produkte werden ja leider mit Gelatine hergestellt. Mit diesem Rezept ist das kein Problem mehr. Die Herstellung ist kinderleicht und macht auch noch einen Riesenspaß!

Schwierigkeitsgrad: **einfach** – Zubereitungszeit: **15 Minuten** – Kochzeit: **5 Minuten** – Ruhezeit: **2 Stunden** im Kühlschrank – Aufbewahrung: **1 Woche** an einem kühlen, trockenen und lichtgeschützten Ort in einer luftdicht verschlossenen Dose

---

ZUTATEN FÜR ETWA 85 STÜCK

30 g Zucker

4 g Maisstärke

2 g Agar-Agar

120 ml Apfelsaft

verschiedene Lebensmittelfarben

geschmacksneutrales Pflanzenöl für die Form

1 Die Vertiefungen einer oder mehrerer Gummibärchen-Silikonform mit Öl einfetten.

2 Den Zucker in einer Stielkasserolle mit der Stärke und dem Agar-Agar mischen. Etwas Apfelsaft hinzufügen und das Ganze mit dem Schneebesen glatt rühren. Anschließend nach und nach den restlichen Apfelsaft einrühren.

3 Die Mischung bei mittlerer bis starker Hitze unter ständigem Rühren zum Kochen bringen und 1 Minute unter Rühren kochen lassen.

4 Den Topf von der Herdplatte nehmen und den Inhalt auf mehrere Schüsselchen verteilen. Jeweils eine Lebensmittelfarbe eurer Wahl dazugeben und gut umrühren.

5 Die Mischungen mit einer Pipette oder einem kleinen Löffel auf die Vertiefungen der Silikonform verteilen.

6 Die Gummibärchen mindestens 2 Stunden im Kühlschrank fest werden lassen und anschließend vorsichtig aus der Form lösen.

7 Damit sie exakt die Konsistenz handelsüblicher Gummibärchen bekommen, die Bärchen mit ausreichendem Abstand auf einem mit einer Silikonmatte oder mit Backpapier ausgelegten Backblech verteilen und mehrere Stunden in einem Dörrautomaten oder bei 40 °C im Umluftherd trocknen.

TIPPS

Damit die Mischung nicht vorzeitig fest wird, müsst ihr schnell arbeiten, wenn ihr sie in die Form gießt. Sollte der Fall trotzdem eintreten, die Mischung einfach noch einmal kurz in der Mikrowelle erhitzen, damit sie wieder flüssig wird.

Anstelle von Apfelsaft könnt ihr auch jedes andere Getränk oder jeden anderen Saft nehmen. Wichtig ist nur, die Zuckermenge entsprechend anzupassen.

Danksagung

Zuallererst möchte ich meinen vielen Followern danken, ohne die es dieses Buch nie gegeben hätte. Danke für euer Vertrauen und eure Begeisterung, die mich jeden Tag aufs Neue dazu anspornen weiterzumachen. Ich hoffe von ganzem Herzen, dass euch die Rezepte gefallen und dass sie für euch und eure Lieben ein echter Genuss sein werden.

Danke an meine Familie und meine Freunde, die mir mit Rat und Tat zur Seite gestanden und mir das Selbstvertrauen gegeben haben, um mich in dieses Abenteuer zu stürzen.

Ein besonderer Dank geht an Guilhem für seine unschätzbare Hilfe und an meinen Bruder Jean-Baptiste, dem ich unendlich dankbar bin.

Danke an meinen Liebsten Corentin, der immer an mich glaubt und mich bei all meinen Projekten bedingungslos unterstützt. Ohne deine Liebe und ohne die Geduld, die du in den langen Monaten dieser Arbeit für mich aufgebracht hast, wäre das alles nicht möglich gewesen.

Ein herzliches Dankeschön an meine Grafikdesignerin Marina Mourguiart, die dieses Buch mit ihrer ausgezeichneten Arbeit zu etwas ganz Besonderem gemacht hat.

Ganz besonders danke ich Céline für das Vertrauen in mich und mein Projekt und dem ganzen Team der Éditions La Plage, das großen Anteil daran hat, dass dieses Buch so schön geworden ist.

Widmen möchte ich dieses Buch meiner wundervollen kleinen Chouquette, die uns leider während der Arbeit an diesem Buch für immer verlassen hat. Ich werde dich immer in meinem Herzen behalten.